Sara Urbainczyk, Miriam Wiederer
und Marion Scheithauer

100 echte Mama-Fragen

*Das perfekte Buch für
nicht perfekte Mamas*

Ullstein

Besuchen Sie uns im Internet:
www.ullstein-taschenbuch.de

Originalausgabe im Ullstein Taschenbuch
1. Auflage April 2018
2. Auflage 2018
© Ullstein Buchverlage GmbH, Berlin 2018
Illustrationen im Innenteil: © Claudia Klein, www.claudiaklein.net
Satz: KompetenzCenter, Mönchengladbach
Gesetzt aus der Adobe Garamond
Druck und Bindearbeiten: CPI books GmbH, Leck
ISBN 978-3-548-37754-4

Für Flora und Leonard,
Henry
und Karlie.

Vorwort

Zuallererst: Tief durchatmen – ab jetzt bist du nicht mehr allein. Wir sind bei dir und möchten dich durch das erste Babyjahr begleiten. Wir wissen, wie du dich fühlst: irgendwas zwischen verrückt werden und so viel Liebe, dass das Herz fast überquillt. Du bist nie allein und trotzdem manchmal so einsam wie nie zuvor in deinem Leben.

Die Tage mit Baby sind zauberhaft, aber auch wahnsinnig anstrengend. Weil alles neu ist und man einfach nicht weiß, warum dieses süße Baby, das doch so müde ist, partout nicht schlafen will. Weil es sich gar nicht mehr zauberhaft anfühlt, wenn du nachts um drei dein schreiendes Baby schaukelst.

Wenn du übermüdet bist und so verzweifelt, dass dir nach dem zwanzigsten Stillversuch die Tränen in die Augen schießen, dann hilft es zu wissen, dass es uns allen so geht. Keine Mama hat ein inszeniertes Instagramleben, wir alle versinken manchmal im Chaos.

Lass dich nicht verunsichern – das Mamaleben ist vielleicht nicht perfekt, aber dafür ist es echt und voller Liebe. Und im echten Leben haben alle Mamas, egal wo und wie sie leben, die gleichen Fragen. Die dringendsten hundert Fragen, die uns von unserer »Echte Mamas«-Community immer wieder gestellt wurden, haben wir in diesem Buch gesammelt: Dies ist kein klassischer Ratgeber, sondern ein Buch voller echter Fragen und

Mama-Tipps. Experten, Hebammen, Ärzte und Familiencoaches geben Rat, aber auch alle echten Mamas da draußen haben diese Seiten mitgeschrieben.

Wir wollen, dass alle Mütter zusammenhalten und sich gegenseitig helfen – wer soll uns sonst verstehen, wenn wir wegen Babys erstem Schnupfen fast verzagen oder ein paar Tränen verdrücken, wenn uns der alltägliche Wahnsinn mal wieder zu viel wird?

Dann braucht man manchmal am meisten den Rat einer anderen Mutter, die einen versteht und versichert: »Es wird alles gut. Haben wir auch durch. Probier mal diesen Trick.«

Mama zu sein bedeutet so viel Liebe. Es bedeutet aber auch, plötzlich für einen anderen Menschen verantwortlich zu sein – ohne Bedienungsanleitung. Und deswegen sind wir so froh, dass es euch da draußen gibt. Danke, dass ihr uns so viel beigebracht habt und wir so dieses Buch schreiben konnten.

Es ist von uns, für uns: für alle Mütter, die schon mittendrin sind im Wahnsinn, und für die, denen dieser großartige, irre Ritt noch bevorsteht.

Frage 1: Was erwartet mich in den ersten Tagen nach der Geburt?

> *Mein Baby kann jeden Moment kommen, aber ich habe Angst vor dem, was mich direkt nach der Geburt erwartet. Ich weiß, dass die Geburt wehtut. Aber mit welchen Schmerzen muss ich danach rechnen? Und was passiert noch alles? Könnt ihr mir ehrlich und schonungslos verraten, was auf mich zukommt?*

Dein Körper hat das größte Wunder auf Erden und eine absolute Höchstleistung vollbracht – ganz spurlos kann so ein Ereignis nicht vorüberziehen.

Es gibt viele Mamas, die bereits nach wenigen Stunden ohne große Blessuren und mit ihrem Baby im Arm die Klinik verlassen können. Aber auch einige gängige Beschwerden.

Nach einer Spontangeburt:
- Du wirst Nachgeburtswehen haben, unter denen die Plazenta ausgestoßen wird – bis zu einer halben Stunde nach der eigentlichen Geburt deines Babys. Manche bekommen davon kaum etwas mit, andere empfinden die Wehen ähnlich schmerzhaft wie die der eigentlichen Geburt. Nervig: Obwohl man schon sein Kind in den Armen hält, muss man sich noch mal konzentrieren und pressen. Manchmal zieht die Hebamme unterstützend an der Nabelschnur. In seltenen Fällen kommt die Plazenta nicht oder nur teilweise, dann muss sie leider per Operation entfernt werden.
- Fünf bis sieben Wochen dauert der Wochenfluss (Lochien) –

als hättest du sehr stark deine Tage. Er ist in den ersten zwei bis drei Tagen besonders heftig und lässt dann in den nächsten Wochen nach. Im Krankenhaus gibt es dafür weiche Netzhosen (am besten ein paar mit nach Hause nehmen – sie sind nicht gerade sexy, aber bequem, weil nichts kneift) und große, extrem saugstarke Binden, die etwa so sperrig sind wie ein Flip-Flop.

- Nach der Geburt bist du geschafft, hast vielleicht Kopfschmerzen, Schwindel und Kreislaufprobleme, Vagina- und Unterleibsschmerzen. Je nach Geburtsverlauf kannst du auch Geburtsverletzungen davontragen, wie einen Damm- oder Scheidenriss (s. Frage 3), die noch heilen müssen. Im Krankenhaus bekommst du Schmerztabletten (die kannst du auch nehmen, wenn du stillst), Wundheilungscremes und zum Kühlen mit Wasser gefüllte Kondome aus dem Eisfach.

- Du hast einen kleinen (riesigen!) Babykopf durch einen wirklich engen Bereich gequetscht. Auf der wunden, eingerissenen Haut brennt es, wenn das erste Mal Urin darüberläuft. Es hilft, die Blase unter der Dusche zu entleeren oder beim Toilettengang mit einem Messbecher warmes Wasser oder auch ein Eichenrindensitzbad über die Scham zu gießen. Das spült auch gleich das Blut vom Wochenfluss gut weg. Auch das Sitzen kann unangenehm sein. Abhilfe schafft ein aufblasbarer Sitzring (sieht aus wie ein Donut).

- Rolle beim Aufstehen über die Seite ab, damit nur die seitlichen Bauchmuskeln beansprucht werden. Die geraden Bauchmuskeln wurden durch die wachsende Gebärmutter verdrängt. Der dadurch entstandene Spalt (Rektusdiastase) muss sich erst schließen, bevor du die geraden Bauchmuskeln wieder einsetzen kannst.

- Durch das starke Pressen können winzige Äderchen in deinen Augen und im Gesicht platzen oder Hämorrhoiden entstehen. Die winzigen Blutergüsse verschwinden nach ein oder zwei Tagen von allein, Letztere können durch Zäpfchen und Salben behandelt werden.
- Manche Mamas zittern. Das ist nicht nur der anstrengenden Geburt geschuldet, sondern vor allem dem Hormonabfall. Es vergeht nach wenigen Minuten.
- Deine Brust spannt. Sie fühlt sich warm an und voller Knubbel. Sie macht sich bereit für den Milcheinschuss. In den ersten Tagen nach der Geburt produzieren deine Brüste zunächst nur eine extrem reichhaltige Vormilch, das Kolostrum. Schon ein paar Tropfen davon machen dein Baby satt. Du solltest dein Baby oft anlegen, damit die richtige Milchproduktion in Gang kommt. Durch das häufige, ungewohnt starke Saugen schmerzen deine Brustwarzen wahrscheinlich am Anfang.
- Außerdem spüren die meisten Mütter für drei bis vier Tage Nachwehen: krampfartige Schmerzen, unter denen sich die Gebärmutter nach der Geburt wieder zusammenzieht. Sie hat im Laufe der Schwangerschaft Unglaubliches vollbracht: sich von Birnengröße auf die Größe von zwei Fußbällen ausgedehnt. Jetzt will sie wieder zur Birne zurück. Durch das Zusammenziehen schließt sich auch die blutende Wunde, die die Plazenta hinterlassen hat. Das Hormon Oxytocin, das beim Stillen freigesetzt wird, hilft dabei – deshalb wird vielen Mamas schlecht, und die Nachwehenschmerzen verstärken sich, wenn sie ihr Kind anlegen. Wenn die Schmerzen zu stark sind, kurz das Stillen unterbrechen und tief atmen. Eine Tasse warmer Fenchel-Kümmel-Anis-Tee während des Stillens kann helfen, ebenso eine Wärmflasche im Rücken.

- Wenn du eine PDA hattest, kann es je nach Dosierung sein, dass du deine Beine noch eine Zeit lang nicht spürst.
- Du wirst schwitzen (s. Frage 68). Der plötzliche Östrogenabfall sorgt für die Schwitzattacken, vor allem nachts. Das kann mehrere Wochen so gehen, nach zwei Monaten ist das aber meist überstanden.

Nach dem Kaiserschnitt:
- Beim Kaiserschnitt wird dir ein Blasenkatheter gelegt. Der muss natürlich einige Stunden nach der Geburt gezogen werden – das ist ein komisches Gefühl, aber nicht sehr schmerzhaft. Wenn du eine Spinalanästhesie oder eine PDA hattest, wirst du einige Stunden nicht aufstehen und laufen können, weil deine Beine noch taub sind.
- Aufgrund der Narbe darf man meist erst am zweiten Tag duschen. Das ist bei einem geplanten Kaiserschnitt weniger schlimm, da man meist ausgeruht und frisch geduscht zum Termin erscheint. Nach einem Notkaiserschnitt, dem einige Stunden Wehen vorausgegangen sind, ist es weniger schön.
- Die Narbe schmerzt, bei vielen Mamas wirklich stark. Immerhin hast du einen tiefen Bauchschnitt hinter dir. Trotz des Stillens sind aber Schmerztabletten erlaubt. Aufstehen, Hinlegen, Husten, Niesen, sogar Lachen ist für viele Mamas eine Woche lang nur ganz vorsichtig möglich.
- Beim Aufrichten solltest du dich immer über die Seite abrollen. Normalerweise ist die Kaiserschnittwunde nach drei bis sechs Wochen verheilt, manchmal ist die Bauchdecke um die Narbe herum noch eine Zeit lang taub (s. Frage 2).
- Auch als Kaiserschnittmama hast du einen Wochenfluss – wenn auch meist etwas weniger stark und kürzer.

Die meisten Erstgebärenden verbringen drei bis vier Tage in der Klinik, Kaiserschnittmamas meist noch ein bis zwei Tage länger. Natürlich ist eine Klinik kein Hotel, aber du musst nicht selber kochen, kannst mit Hilfe einer Hebamme oder Stillberaterin das Stillen üben, wirst deine Fragen zur Babyversorgung los und kannst bei Problemen jederzeit nach einer Schwester klingeln. Oder dein Kind nachts auch mal abgeben, wenn du ein paar Stunden Schlaf brauchst.

Mama-Tipps:
»Ich habe sehr unter der Unruhe im Patientenzimmer gelitten. Ständig hatte die Mutter neben mir Besuch, manchmal waren acht Leute gleichzeitig da. Beim zweiten Kind hatten wir ein Familienzimmer (hat ca. 100 Euro extra pro Nacht gekostet) – das würde ich jeder Mama empfehlen. Der Papa kann mit übernachten und dich entlasten. Wir alle konnten uns in Ruhe kennenlernen.«

Frage 2: Was kann ich tun, damit meine Kaiserschnittnarbe besser heilt?

> *Meine Tochter musste durch einen Kaiserschnitt geholt werden. Am Anfang hatte ich nur die üblichen Schmerzen, doch seit ein paar Tagen tut es um die Narbe herum so richtig weh. Wie kann ich die Narbe pflegen, damit sie besser heilt? Sie ist auch sehr rot und wulstig. Wie wird das mal aussehen? Ich kenne leider keine*

> *Frau in meinem Bekanntenkreis, die einen Kaiserschnitt hatte und die ich fragen könnte, ob sie mir ihre Narbe mal zeigt.* »

Dein Kaiserschnitt war, wenn er auch mittlerweile ein Routineeingriff ist, eine große OP. Und du bist nicht allein: Bei etwa einem Drittel der Mütter werden in einem Bauchschnitt Haut, Muskelschichten und die Gebärmutter durchtrennt, um ihr Baby sicher auf die Welt zu holen. Diese große Wunde braucht Zeit, um zu heilen. Und auch wenn viele Ärzte heute beim Schneiden und Vernähen großen Wert auf Ästhetik legen, ist der erste Blick auf die Narbe für alle Mamas ein Schock: Blutverkrustet, geschwollen und wulstig sieht sie am Anfang aus. Keine Angst, das wird schnell besser! Meistens bleibt nach etwa einem Jahr nur noch ein feiner weißer, etwa zwölf Zentimeter langer Strich übrig.

Bis die Fäden gezogen werden, musst du den Bereich sehr vorsichtig behandeln. Nach dem Duschen nur zart abtupfen. Nichts sollte auf der Narbe scheuern: Am besten die Boxershorts vom Partner klauen und weite, weiche Hosen tragen. Wenn die Narbe brennt, juckt und schmerzt (am Anfang alles normal), hilft es, sie ab und an zu kühlen. Das unangenehme Jucken ist eigentlich ein gutes Zeichen – das senden die durchtrennten Nervenenden aus, wenn sie durch das nachwachsende Bindegewebe »gestört« werden.

Die durchtrennten Nerven sorgen aber auch für das Taubheitsgefühl im Bereich um die Narbe. Es dauert etwa ein Jahr, bis es verschwunden ist.

Aber eigentlich heißt das Zauberwort für eine schöne Narbe: massieren. Es regt die Durchblutung an, so heilt die Wunde besser. Massieren kann auch helfen, dass die Narbe nicht »einsinkt« – das passiert, wenn sich zu wenig Bindegewebe gebildet hat. In der Apotheke gibt es Narbencremes. Drücke eine erbsengroße Menge auf die Fingerkuppe und kreise damit in den ersten Tagen ganz vorsichtig auf der Haut um die Narbe. Erst wenn die Kruste abgefallen ist, mit der Creme auch die Narbe selbst behandeln. Und viel Geduld haben: Am besten zweimal täglich über ein halbes Jahr hinweg cremen und massieren.

Aber Achtung: Wenn die Narbe aufgeht, nässt oder eitert, solltest du sofort zum Arzt gehen! Vor allem, wenn sie eigentlich schon gut geheilt war und plötzlich wieder mehr schmerzt oder stark gerötet ist. Du hast eine OP hinter dir, und leider sind Infektionen bei großen Wunden keine Seltenheit. Auch Fieber ist ein Zeichen für eine Entzündung, manchmal sogar, bevor man die Anzeichen dafür an der Narbe sieht.

Aber wie auch immer deine Narbe heilt, ob sie zehn oder zwanzig Zentimeter groß ist – versuch es positiv zu sehen: Du hast ein Zeichen, das dich ein Leben lang an die Geburt deines Kindes erinnert.

Mama-Tipps:

»Ich habe von meiner Physiotherapeutin den Tipp bekommen, die verheilte Narbe s-förmig zu ›verwringen‹. Dabei legt man die Finger versetzt links und rechts neben die Narbe und verdreht sie leicht. Wichtig ist, die Narbe niemals auseinanderzuziehen. Das half mir sehr. Danach war auch der unangenehme Juckreiz verschwunden.«

»Nach dem Duschen habe ich meine Narbe abgetupft und ganz

vorsichtig kurz trocken geföhnt. Falls der Bauch etwas über die Narbe ›hängt‹, kann man auch eine längliche Wundkompresse darauflegen, um sie so vor Feuchtigkeit zu schützen.«

Frage 3: Dammriss oder -schnitt: Wie kann ich die Heilung fördern?

> *Ich habe dieses Jahr mein erstes Kind bekommen. Bei der Geburt wurde ein Dammschnitt gemacht. Äußerlich ist alles gut verheilt. Aber innerlich habe ich immer noch Schmerzen. Mein Frauenarzt sagt nur, ich soll geduldig sein. Nun, nach einem halben Jahr, kann ich immer noch keine Tampons verwenden, vom Liebesleben ganz zu schweigen. Wie lange dauert es, bis der Schmerz weg ist?*

Fast jede Mama-in-spe hat bei der Geburt vor allem Angst vor einem Dammschnitt oder -riss.

Erst mal zur Beruhigung: Mehr als 85 Prozent der Gebärenden erleiden irgendeine Dammverletzung[1] unter der Geburt – und bei fast allen Frauen heilt sie rasch, da Mutter Natur speziell in dem Bereich der Schleimhäute für eine schnellere Wundheilung sorgt.

Während der Kopf deines Babys bei der Geburt austritt, ist die Hebamme im Kreißsaal für den »Dammschutz« zuständig. Sie steuert mit Profihandgriffen den Durchtritt des Kopfes, um dein Gewebe zu schützen. Dennoch hält bei vielen der gebärenden Mütter das Gewebe der starken Dehnung nicht stand.

Heute verzichten Ärzte und Hebammen oft auf einen Schnitt und lassen das Gewebe eher einreißen. Ein Riss heilt oft besser als ein Schnitt, da er entlang der Nerven- und Blutbahnen passiert, die so geschont werden.

Ein Schnitt wird meist gemacht, um die Phase, in der das Kind tatsächlich das Licht der Welt erblickt, zu verkürzen, da dieser Zeitraum sehr belastend für das Baby ist. Vor allem bei Frühgeburten oder auffälligen CTG-Kurven will man den Babys so schneller auf die Welt helfen.

Bei einem Dammriss unterscheiden Ärzte vier Schweregrade: Bei Grad 1 handelt es sich um einen relativ überschaubaren Einriss, bei dem keine Muskeln betroffen sind. Bei Grad 4 ist der Damm bis zum Schließmuskel oder Darmgewebe gerissen.

Die Wunde wird direkt nach der Geburt von einem Arzt versorgt. Danach braucht man Geduld: Hebammen schätzen, dass 85 Prozent der Frauen mit Dammverletzung nach zwei bis drei Wochen wieder alle Funktionen, bei denen der Damm eine Rolle spielt (Toilettengang, Tampons verwenden, Sex), so ausüben können wie früher.

Du kannst auch einiges tun, damit die Wunde schnell heilt:
- Dusche die Dammnaht mehrfach täglich ab.
- Trinken hilft! Beim Wasserlassen spürst du oft ein unangenehmes Brennen. Viel Flüssigkeit verdünnt den Urin, so brennt er nicht so stark an der Nahtstelle.
- Kühlen des Damms wirkt abschwellend und schmerzlindernd – mit Coolpacks, die du vorher in Stoff einwickelst: Nur für fünf Minuten alle vier Stunden. Bei zu langem Kühlen wird die Durchblutung verringert, das verzögert die Wundheilung.

- Versuche den Nahtbereich trocken zu halten und wechsle die Wochenflussbinden möglichst oft.
- Spüle den Dammbereich mit Calendula-Essenz (ein bis zwei Teelöffel auf einen Viertelliter lauwarmes Wasser).
- Es ist auch sehr wichtig, den Dammbereich zu schonen und nicht zu schnell wieder lange zu sitzen oder zu stehen.

Bei langfristigen Beschwerden:

Dass ein Tampon oder der Sex auch nach Wochen oder Monaten noch schmerzt, ist laut Hebammen nur bei zwei bis drei Prozent der Frauen der Fall. Schmerzhafter Sex ist natürlich extrem belastend. Die Ursache kann eine schlechte Naht oder ungünstig gebildetes Narbengewebe sein. Oft kann der Frauenarzt das per (Ultraschall-)Untersuchung feststellen. In leichteren Fällen helfen Massagen mit Öl, um das Gewebe geschmeidiger zu machen. Die Technik kann dir ein Frauenarzt zeigen. Manchmal hilft leider nur ein operativer Eingriff, um das Narbengewebe zu korrigieren.

Generell gilt: Vor allem, wenn die Stelle nach einer vorübergehenden Besserung plötzlich wieder schmerzt oder blutet, musst du dringend zum Arzt!

Mama-Tipps:

»Meine Hebamme hat mir vor der Geburt empfohlen, Binden mit Olivenöl zu beträufeln und diese einzeln verpackt in die Kühltruhe zu legen. Es war sehr angenehm, diese Binden nach der Geburt zu tragen. Es kühlte meinen Dammriss schonend und pflegte die Narbe gleichzeitig.«

Frage 4: Wie kann ich meinen Beckenboden wieder fit machen?

> *Ich bin seit elf Monaten Mama und habe momentan noch Probleme mit meinem Beckenboden. Niesen, husten – da geht schon mal ein Tröpfchen mit ab. Ich muss gestehen, dass ich den Rückbildungskurs nicht so ernst genommen habe. Was kann ich jetzt tun, um das wieder in den Griff zu bekommen?*

Das Problem der Beckenbodenmuskeln ist, dass man sie nicht sieht. Um sie zu trainieren, muss man sich konzentrieren, um zu fühlen, was man da eigentlich anspannen soll. Nach der Geburt ist dein ganzer Körper im Ausnahmezustand, überall drückt und spannt es, da fallen die durch die Geburt stark belasteten Beckenbodenmuskeln gar nicht auf. Aber spätestens nach einigen Monaten merken viele Mamas, wofür man sie eigentlich braucht. Sie halten wie ein Trampolinnetz zwischen den Beckenknochen deine Organe in ihrer Position. Außerdem assistieren sie bei der Kontrolle der Schließmuskeln von After, Scheide und Harnröhre. Und wenn sie ihren Job nicht richtig machen, passiert es: Beim Niesen, Lachen, Husten oder Joggen machen sich ein paar Tropfen Urin selbstständig.

Ganz einfach erklärt: Als du dein Kind durch diesen engen Ausgang gedrückt hast, wurden die Beckenbodenmuskeln extrem zur Seite gedrängt und gedehnt. Vielleicht haben sie auch kleine Risse davongetragen. Hormonell ist unser Körper darauf eingestellt, dass das alles wieder zurückschrumpft. Das tut es aber ehrlich gesagt nur bei den genetisch bevorteilten Mamas. Beim größten Teil kehrt der Körper nie wieder in den Ausgangszustand zurück.

Deshalb musst du diese Muskeln trainieren, auch wenn du nicht sehen kannst, wie du sie anspannst. Es ist wichtig, dass du die Übungen von einer Hebamme oder Physiotherapeutin korrekt lernst. Die meisten Kurse finden wöchentlich statt und dauern rund eine bis anderthalb Stunden. Der Rückbildungskurs sollte sechs bis acht Wochen nach der Geburt gestartet werden. Nach einem Kaiserschnitt sollte man erst nach zehn bis zwölf Wochen mit der Rückbildungsgymnastik beginnen. Wichtig: Wer die Rückbildungsgymnastik in den ersten neun Monaten nach der Geburt verpasst und sie dann noch nachholen will, muss den Kurs selber zahlen. Das macht die Krankenkasse, weil es wichtig für dich ist, die Rückbildung zu diesem Zeitpunkt durchzuführen. Wenn du die Rückbildung nicht (konsequent) gemacht hast, ist nach etwa einem Jahr der optimale Zeitpunkt für den Wiederaufbau verstrichen. Dann kann dir dein Frauenarzt spezielle Beckenbodenkurse verschreiben. Es gibt auch neue Beckenboden-Trainingsgeräte, die mit einer App verbunden sind und deine Erfolge anzeigen. Auch Erotikshops bieten Produkte, die den Beckenboden trainieren. Denn dieses Gefühl der »weiten« Vagina, für die die Sexshops diese Produkte haben, ist immer auch ein Problem der Beckenbodenmuskeln.

Wird die Inkontinenz nicht besser, musst du ein Zentrum, das auf Beckenboden und Inkontinenz spezialisiert ist, aufsuchen. Nur wenn der Facharzt die genaue Ursache für das Problem kennt (generelle Muskelschwäche, reine Geburtsfolgen etc.), kann er auch die passende Therapie und eventuell sogar eine OP empfehlen.

Mama-Tipps:

»Ich hatte einige Wochen nach der Geburt so einen starken Druck nach unten, dass ich dachte, meine Gebärmutter fällt aus mir heraus. Im Kurs hat die Hebamme eine Beckenboden-Trainingshilfe empfohlen, die ich mir in der Drogerie gekauft habe. Man trägt sie wie einen Tampon und muss die Muskeln anspannen, um sie zu halten. Es gibt sie im Set. Wenn man beim schwersten Gewicht angekommen ist und das lange genug halten kann, ist alles wieder gut. Dieses Training hat bei mir über ein halbes Jahr gedauert.«

»Ich mache immer Beckenbodenübungen, wenn ich daran denke – beim Kochen, Lesen oder Spielen mit meinem Sohn. Sieht ja keiner. Die Muskeln so anspannen, als würde man das Wasserlassen verhindern wollen. Meine Hebamme hat immer gesagt: Vorstellen, man wollte mit der Vagina Gras zupfen.«

Frage 5: Ich fühle mich nach der Geburt schlecht – ist das der Babyblues oder schon eine Depression?

Ich habe vor drei Wochen meine kleine Tochter bekommen, ein absolutes Wunschkind. Doch statt auf Wolke sieben zu schweben, bin ich traurig und weine viel. Morgens würde ich am liebsten gar nicht aufstehen. Selbst das Windelwechseln schaffe ich kaum. Ich habe das Gefühl, dass wir noch nicht wirklich eine Verbindung haben. Was ist nur mit mir los?

Es ist gar nicht so selten, dass das Glücksgefühl ausbleibt. Das emotionale Loch nach der Geburt nennt sich »Babyblues« oder auch »Heultage«. Der Grund für das Stimmungstief: Deine Plazenta ist nicht mehr da. Die hat in den letzten Monaten fleißig Östrogen produziert – das Hormon wirkt stimulierend und erhöht die Aktivität des Glückshormons Serotonin. Während der Geburt hat dein Körper körpereigene Opiate (Endorphine) ausgeschüttet, die dich »high« gemacht haben. Jetzt ist das alles geschafft, und man fühlt sich wie nach einer Party, die komplett aus dem Ruder gelaufen ist. Ärzte bezeichnen dies als eine »Phase der erhöhten Sensitivität«, in der man viel weint und einfach generell schlecht drauf ist, die bei bis zu fünfzig Prozent aller Mütter zwei bis vierzehn Tage nach der Geburt auftritt. Das vergeht von allein und muss nicht ärztlich behandelt werden. Wenn dich die dunkle Wolke länger als vierzehn Tage umgibt, sprechen Ärzte von einer postpartalen Depression (kurz PPD genannt). Sie ist mehr als nur ein Stimmungstief. Die etwa zehn bis fünfzehn Prozent der Mamas, die an PPD leiden, haben Probleme, ihr Kind emotional anzunehmen und sich darum zu kümmern. Symptome sind innere Leere, Gefühllosigkeit, Antriebslosigkeit, Schlafstörungen, Appetitstörungen bis hin zu Halluzination und Wahn.

Die Auslöser können Schlafmangel und Stress sowie das Gefühl der Überforderung und hormonelle Faktoren sein. Wenn du schon früher einmal unter einer Depression gelitten hast, erhöht sich das Risiko, dass sie erneut auftritt. Wenn du dich in den Symptomen wiedererkennst, sprich deine Gynäkologin, Hebamme, deine Haus- oder Kinderärztin an – die vermitteln dich an die richtige Stelle. Information ist jetzt alles: Wenn man weiß, dass es vielen Müttern so geht und was diese dunkle

Stimmung hervorruft, lässt sich alles besser ertragen. Was man nicht brauchen kann, sind Schuldgefühle – und die stellen sich leicht ein, wenn man als Mama nicht funktioniert, wie man es von sich selbst erwartet. Keine Angst, man kann eine postpartale Depression behandeln. Ganz grob gesagt wird ein Psychotherapeut den Grad der Stimmungsveränderung ermitteln. Deine Therapie hängt dann von Vorerkrankungen, Schwere der Depression sowie der Dauer bis zum Therapiestart ab und davon, ob mit Medikamenten behandelt wird oder nicht. Hast du eher leichte Symptome im Sinne einer Anpassungsstörung, können schon Gesprächs- und Lichttherapien helfen, bei schwereren Symptomen sind oft Antidepressiva nötig.

Wichtig: Bei Stimmungsveränderungen im Wochenbett auch die Schilddrüsenwerte überprüfen! Fast jede zwölfte Mutter entwickelt nach einer Entbindung eine Schilddrüsenentzündung (Postpartum Thyreoiditis). Das passiert durch eine hormonelle Stresssituation der Schilddrüse in der Schwangerschaft. Häufig äußert sich das in depressiver Verstimmung und Gereiztheit und wird dann als Babyblues fehlinterpretiert.

Du musst dich nicht schämen, wenn du Hilfe dabei brauchst, durch dieses dunkle Tal hindurchzugehen.

Mama-Tipps:

»Der Babyblues war eine ganz schreckliche Zeit. Man fühlt sich so unglaublich hilflos und muss sich ganz seinen Hormonschwankungen hingeben. Mir hat es sehr geholfen, mit meiner Hebamme und meinem Mann über meine Gefühle zu reden oder mich einfach nur in die Arme meines Mannes zu legen, zu weinen und mich trösten zu lassen.«

»Ich wollte während meiner Heultage niemand Fremdes sehen. Jeder Besuch war mir zu viel. Wir hatten allerdings schon vor der Geburt ausgemacht, dass eine befreundete Fotografin vorbeikommt, um Bilder von unserem Kind zu machen. Ich rief sie an und wollte absagen, aber sie blieb stur und bestand darauf, vorbeizukommen. Heute bin ich so froh, dass ich mich habe überreden lassen, sonst hätte ich keine Neugeborenenbilder von meinem Schatz.«

Frage 6: Ich mache mir immer Sorgen und vergleiche mein Kind mit anderen Kindern: Ist mein Baby normal entwickelt?

Ich mache mir ständig Sorgen um meinen Sohn. Er ist fünf Monate alt und 58 Zentimeter groß. Oft denke ich: Ist das eigentlich normal, müsste er nicht größer sein? Ich vergleiche ihn mit anderen Kindern, wenn ich welche sehe. Und dann höre ich von anderen Mamas, was deren Kinder in seinem Alter schon können oder konnten, und das hilft auch nicht gerade. Geht das allen Müttern so?

Grundsätzlich: Sich zu vergleichen liegt in unserer Natur. Heute geht es zwar nicht mehr darum, dass der Stärkere, Schnellere oder Bessere überlebt, weil er mehr Tiere erlegt und für Nahrung sorgt. Aber natürlich wollen wir, dass es unsere Kinder leichter oder zumindest nicht schwerer als andere im Leben haben.

Es gibt in Deutschland im ersten Lebensjahr eng gesetzte Vorsorgeuntersuchungen (U1 – U6). Der Kinderarzt checkt dein Baby regelmäßig in allen Bereichen: körperliche Gesundheit, Sprache, Motorik, emotionale und geistige Entwicklung. Ist dein Kind auffällig klein, wird er überprüfen, wie groß es bei seiner Geburt und bei den letzten Untersuchungen war. Die Hauptsache ist, dass es kontinuierlich in seinem eigenen Tempo wächst. Wenn er sein Okay gibt, kannst du dich entspannen, weil alles gut ist. Die Zeitfenster, in denen dein Kind gewisse Entwicklungsmeilensteine schaffen sollte, sind sehr groß – aber wenn es nicht im Normbereich liegt, heißt das nicht gleich, dass dein Kind nicht »normal« ist.

Kinder können sich völlig unterschiedlich entwickeln: Manche sind motorisch wirklich weit, lassen sich aber dafür mit der Sprache bis ins dritte Lebensjahr Zeit. Und wenn das Kind von deiner Freundin schon durchschläft, dann isst es dafür vielleicht schlecht.

Sicher gibt es auch Babys, die entwicklungsverzögert sind und Physiotherapie, Ergotherapie oder Logopädie brauchen, um ordentlich sprechen und laufen zu lernen. Aber bitte auch hier: Keine Panik! Wir haben in Deutschland ein gründliches Gesundheitssystem mit verschiedenen Fördermaßnahmen.

Mama-Tipps:

»Ganz ehrlich – ich habe die ›toxischen‹ Mamas aus meinem Umfeld entfernt. Also nicht komplett, aber ich treffe mich einfach weniger mit ihnen. Mein Kind ist spät mit allem, und auch wenn ich weiß, dass es kein Wettkampf ist, kann ich einfach nicht ständig hören, wie viel weiter andere Kids sind.«

»Mir hat mein Mann die Augen geöffnet. Ich habe mich bei ihm ausgeheult über die ›bösen‹ Mamis, die immer sagen, wie viel toller ihre Kinder sind. Er ließ mich im Wortlaut wiederholen, was sie gesagt haben – und meinte, das seien keine Vergleiche, sondern nur Feststellungen, was die Kids können. Den Vergleich habe ich im Kopf hinzugefügt. ›Du musst aufhören, immer alles zu vergleichen‹ – das sage ich mir jetzt. Seitdem geht es mir besser.«

Frage 7: Ich habe nach meiner schlimmen Geburt ein Geburtstrauma. Wie kann ich das verarbeiten?

> *Ich bin mit meinem zweiten Kind schwanger und habe Angst vor der Geburt. Die Presswehen der ersten Geburt waren für mich so schlimm, dass ich immer noch Herzrasen bekomme, wenn ich daran zurückdenke. Oft kann ich nicht einschlafen, weil meine Gedanken immer wieder in diesen Kreißsaal wandern. Ich glaube wirklich, ich habe ein Geburtstrauma! Wie kann ich mich so auf die Geburt vorbereiten, dass ich es trotzdem schaffe und die Schmerzen ertrage?*

Traumata sind immer mit einem Gefühl der Überforderung, der Hilflosigkeit und des Ausgeliefertseins verbunden. Das trifft alles auf eine Geburt zu: Wehen lassen sich nicht kontrollieren. Das Gefühl, den Geburtsvorgang weder abkürzen noch beschleunigen zu können, ist schwer auszuhalten und eine echte Grenzerfahrung. Du verlierst die Kontrolle, musst eventuell um die Gesundheit deines Kindes fürchten und schmeißt deine Würde über Bord, während Ärzte, Hebammen und Schwestern abwechselnd deine Vagina beobachten. Auch eine eigentlich harmlose Bemerkung während der Geburt – bei der man als Mama hochsensibel ist – kann als extrem verletzend empfunden werden und ein Auslöser für das Ausschütten von Stresshormonen sein, die ein Geburtstrauma verursachen.

Ein Geburtstrauma kann man auch davontragen, wenn die Hebammen und Ärzte die Geburt als völlig normal empfunden haben. Aber was ist schon normal? Lass dir nicht einreden, dass ja jetzt alles überstanden und gut gegangen sei und du dich nicht so anstellen solltest. Niemand außer dir weiß, wie deine Seele auf die Geburt reagiert hat.

Anzeichen eines Traumas sind oft erhöhter Puls, Schlaflosigkeit, Muskelanspannung, überhöhte Schreckreaktion, chronische Schmerzen, Angstzustände, manchmal auch Gereiztheit und Aggression sowie übermäßige Angst ums Kind oder auch das Gefühl, das Kind nicht richtig annehmen zu können.

Das kann bei der Traumaverarbeitung helfen:
- Sprich mit Freunden und Familie über deine Gefühle. So verliert die Situation ihren Schrecken. Vernetze dich mit anderen Betroffenen. Es hilft zu wissen, dass jemand nachfühlen kann, wie es dir ergangen ist.
- Schließe Frieden mit der ersten Geburt. Du kannst deinen Geburtsbericht in der Klinik anfordern. Gehe ihn minutiös mit der Hebamme deines Vertrauens durch. Sie erklärt dir das Fachchinesisch. Erfahrungsgemäß erschreckt es die meisten

Frauen, dass an ihnen herumhantiert wurde, ohne dass sie wussten, warum.
- Wenn es dir weiterhin schlecht geht und du die oben genannten Symptome eines Traumas zeigst, such dir professionelle therapeutische Hilfe.

Bei Angst vor der nächsten Geburt:
- Lass dir beim Vorgespräch in der Klinik alle schmerzlindernden Maßnahmen erklären.
- Eine Beleghebamme kann helfen. Sie betreut dich vor, während und nach der Geburt. Sie kennt dich, deine Ängste, dein Baby und deinen Körper. Du vertraust ihr und lernst sie nicht erst in der Klinik kennen.
- Wenn du keine der begehrten Beleghebammen bekommen kannst, hilft dir vielleicht eine Doula. Das sind Geburtsbegleiterinnen, die die gesamte Geburt über bei dir sind (Hebammen müssen oft zeitgleich noch eine andere Geburt betreuen und daher öfter den Raum verlassen) und für Geborgenheit und Würde im Kreißsaal sorgen. Doulas haben aber keine medizinische Ausbildung und unterstützen dich nur auf spiritueller Ebene.
- Arbeite an einer positiven Grundstimmung: Viele Mamas schwören auf HypnoBirthing. Das Geburtsvorbereitungsprogramm will dir und deinem Baby durch Selbsthypnose und Tiefenentspannung eine ruhige und einfache Geburt schenken.
- Beim Schwangerschaftsyoga lernst du, so zu atmen, dass du in der Ausnahmesituation der Geburt Energie bekommst und Spannungen lösen kannst. Wichtig ist, dass deine Yogalehrerin speziell für Schwangerschaftsyoga ausgebildet ist.

🧸 Mama-Tipps:

»Meine erste Geburt war grausam. Ich verkrampfte mich so sehr, aus Angst vor den Schmerzen, ich schrie sehr viel und hielt ständig die Luft an. Das war ein fataler Fehler. Bei meiner zweiten Geburt veratmete ich jede einzelne Wehe und konzentrierte mich darauf, wie mich die einzelnen ›Wehenwellen‹ überrollten. Das Atmen hat mir die Geburt ungemein erleichtert.«

Frage 8: Wie schläft mein Kind sicher im Familienbett?

> *Heute Nacht ist es passiert. Mein Sohn, acht Monate alt, ist am Fußende aus dem Familienbett gefallen. Ich habe geschlafen und nicht bemerkt, dass er losgekrabbelt ist. Mein Herz ist fast stehen geblieben, als ich den Rums gehört habe. Jetzt bin ich total verunsichert. Eigentlich kommt nur ein Familienbett für uns infrage, weil er so unruhig schläft. Das Bett ist zum Glück nicht hoch, er hat sich nur erschreckt. Wie mache ich unser Bett sicherer?*

Du kannst das Bett an die Wand schieben, allerdings nur, wenn das Baby auf keinen Fall zwischen Wand und Matratze eingeklemmt werden kann – es darf kein großer Spalt durch Fußleisten und Bettumrandung entstehen. Auch ein Bettschutzgitter hilft – aber die Abstände zwischen den Stäben müssen so eng sein, dass Babys Kopf nicht hindurchpasst. Je nach Alter und Mobilität deines Babys kann auch ein längliches Stillkissen, hufeisenförmig um das Baby drapiert, als Barriere ausreichen. Große Kissen am Boden oder eine weiche Decke können zusätzlichen Schutz bieten. Allerdings hat das Co-Sleeping nicht nur Vor-, sondern leider auch Nachteile.

Fangen wir mit den positiven Seiten an: Bei Hunger oder schlechten Träumen liegt die tröstende Mama maximal zwanzig Zentimeter entfernt. Im Familienbett schläft dein Kind durch die körperliche Nähe viel schneller von selber wieder ein. Außerdem sind viele Psychologen der Ansicht, dass es auch die emotionale Bindung von Baby und Eltern stärkt – ein wichtiger Faktor des »Attachment Parenting«-Konzepts (bedürfnisorientierte Erziehung, bei der die Mutter unter anderem möglichst viel Zeit körperlich nah an ihrem Baby verbringt).

Der Nachteil: Die meisten Eltern schlafen weniger tief. Außerdem stellen einige Familienbetten ein wahres Minenfeld dar: Gerade Boxspringbetten sind sehr hoch, Kissen und Decken können dein Kind beim Atmen behindern. Der Bundesverband der Kinder- und Jugendärzte (BVKJ) rät vom Familienbett ab (s. Frage 11). Auch Hebammen schließen sich an und verweisen auf die klare Empfehlung: Dein Baby sollte im ersten Lebensjahr zwar bei dir im Zimmer schlafen – aber am besten in einem Beistellbettchen. Am Ende entscheidet jede Familie individuell.

Wenn du das Elternbett zum Familienbett erweitern willst, sollte es groß und breit genug sein. Eine feste Matratze (kein Wasserbett, keine Auflagen) und stramm sitzende Laken sind wichtig. Dein Baby sollte auf deiner Brust- oder Bauchhöhe schlafen – und mit euren Kopfkissen nicht in Berührung kommen. Es sollte im Schlafsack und ohne Kopfkissen schlafen, keine warme Fellunterlage und keine Stofftiere neben sich haben.

Mama-Tipps:

»Ich habe eine Poolnudel als Barriere benutzt – einfach zwischen Bettlaken und Matratze geklemmt und ganz an den Rand geschoben.«

»Als unser Baby noch ganz klein war und wir uns das Bett geteilt haben, bauten wir kurzerhand das Bettgestell ab und legten die Matratzen auf den Boden. Wir haben Antirutschmatten unter die Matratzen gelegt, damit sie nicht auseinanderrutschen, und sie tagsüber aufgestellt, um Schimmelbildung auf der Unterseite zu vermeiden.«

Frage 9: Mein Kind schreit immer vor dem Einschlafen und lässt sich nicht beruhigen – was kann ich tun?

> *Meine Tochter ist jetzt zehn Wochen alt. Sie schläft nie ein, ohne zu weinen. Egal, ob tagsüber oder abends. Ich beobachte sie genau, um zu erkennen, wann sie müde wird, und handele dann sofort. Sie beruhigt sich nur auf meinem Arm. Meine Kleine tut mir so leid. Ich wünsche mir, dass sie nach einer Wachphase einfach mal einschläft, ohne zu weinen und sich zu quälen. Sie wach ins Bett zu legen und schreien zu lassen kommt nicht infrage. Mache ich etwas falsch?*

Klare Antwort: Nein! Du machst nichts falsch. Im Gegenteil, du achtest darauf, wann dein Baby zeigt, dass es müde ist, und gibst ihm auf deinem Arm die Nähe, die es in diesem Moment dringend braucht. Auch wenn die Kleine sich nicht sofort beruhigen kann, ist sie hier am besten aufgehoben.

In den ersten Monaten schreien sehr viele Babys sehr ausdauernd. Neben Hunger, Bauchweh oder Überreizung sind sie oft schon so müde, dass sie die Aufregungen der vergangenen Stunden nicht mehr ausblenden können (s. Frage 44). Wenn wir einen sehr stressigen Tag haben, fällt es uns auch manchmal schwer, runterzukommen. Für manche Babys kann schon ein Supermarktbesuch aufwühlend sein – und das muss so ein winziger Mensch dann spätestens abends rausbrüllen.

Es gibt leider keinen einfachen Trick, wie man einem schreienden Baby am besten helfen kann. Entwicklungspsychologen sagen, dass viel Körperkontakt und Ruhe am Tag den Stresspegel senken können. Kindern, die schwer in den Schlaf finden, hilft Routine sehr. Führe ein Schlafprotokoll, in dem du aufschreibst, was passiert ist und wann dein Kind geschlafen hat. Das hilft, eine Struktur für euren Alltag zu finden. Wechsle aktive Phasen, in denen gespielt und gegessen wird, mit ruhigen Phasen, zum Beispiel wach liegen, aber nicht bespaßt werden, ab. Wenn es morgens einen »aufregenden« Einkauf gab, sollte der Nachmittag zu Hause stattfinden.

Am Abend dann: Ruhe, Ruhe, Ruhe! Durch Kuscheln mit Mama schüttet der Körper Oxytocin aus. Das sogenannte »Kuschelhormon« erleichtert das Einschlafen.

Wichtig: Immer wenn dein Kind müde ist, muss es die Gelegenheit bekommen, zu schlafen. Egal, was eigentlich gerade der Plan war. Nicht alle Babys zeigen Müdigkeit mit Gähnen, es gibt noch viele andere Signale:

- Rote Flecken im Gesicht, besonders im Bereich der Augenbrauen.
- Viele Babys wenden sich ab, wollen niemanden mehr ansehen oder schirmen sich sogar mit dem Arm ab und lassen so nichts mehr an sich heran.
- Bewegungen werden unruhiger, unkontrollierter, bis hin zu rudernden oder schlagenden Ärmchen und Beinen.
- Manche Babys zeigen eine gräulich-fahle Farbe um den Mund.
- Auch das Ohrenreiben kann Müdigkeit anzeigen.

Und trotzdem kann es sein, dass das Baby schreit und schreit. Wenn du das Gefühl hast, dass etwas nicht stimmt, oder du dich überfordert fühlst, such dir Hilfe. Kinderärzte und Hebammen sehen, ob etwas nicht so ist, wie es sein soll. Manchen Kindern hilft ein Osteopath, der eine eventuelle Blockade lösen kann. Beruhigend für dich: Es wird besser. Mit etwa zwölf bis vierzehn Wochen geht die tägliche Schreizeit der meisten Babys zurück.

Mama-Tipps:

»Meine Rettung war das Tragetuch. Informiere dich mal über eine Trageberatung in deiner Nähe und versuch es. Ich hatte mein Baby in dem Alter fast den ganzen Tag umgebunden, egal ob es schlief oder wach war.«

»Wir hatten genau dasselbe bis zum vierten Monat. Wir haben alles versucht: Er hat bei uns geschlafen, ich hab ihn getragen, Musik, Bär, der Herztöne macht, mit Nachtlicht, ohne Licht und auch komplette Stille – nichts hat etwas gebracht. Nur die

Zeit hat geholfen! Es wurde nach vier Monaten besser, nur noch Geschrei beim Mittagschlaf. Und nach zehn Monaten nun endlich gar keine Tränen mehr. Du musst einfach durchhalten.«

»Mein Kind hat auch solche Tage. Ich verbringe dann nach Möglichkeit ein oder zwei Tage nur im Schlafzimmer mit ihr. Haushalt bleibt liegen, TV und Radio aus, generell eben möglichst wenig Reize. Nach einem Tag ist es meistens besser.«

Frage 10: Mein Kind schläft nur auf dem Arm ein – wie kann ich ihm das abgewöhnen?

> *Meine Tochter ist neun Monate alt und schläft nur auf dem Arm oder im Kinderwagen ein. Wenn sie im Bett liegt und ich dabeibleibe, summe, ihre Hand halte oder in unserem Bett: Nichts geht, sie weint nur. Wie kann ich das ändern?*

Fast alle Kinder weinen, wenn man sie zum Schlafen ablegt. Der einfache Grund: Sie müssen sich zum Schlafen sicher fühlen, und das tun sie am ehesten in Mamas Arm. Es ist eng, kuschelig und das Schönste: der Körperkontakt zu dir. Die körperliche Begrenzung gibt Sicherheit. Das panische Weinen dagegen, wenn du dein Kind ablegst, sorgt für einen Adrenalinausstoß, der es für dein Baby noch schwieriger macht, sich zu beruhigen.

Du kannst ganz langsam versuchen, deinem Baby zu zeigen, dass es auch sicher ist, wenn es nicht in deinem Arm liegt:

Kuschel dein Baby in den Schlaf wie immer. Bevor du es ablegst, wecke es ein ganz klein wenig auf. Nur so, dass es noch im Halbschlaf ist. Leg es ins Bett. Du kannst ihm auch ein »Nest« bauen, sodass dein Kind eine engere Begrenzung hat, wie in deinem Arm: Lege das Stillkissen eng um dein Kind herum. (Achtung: Dein Baby darf sich nichts über das Gesicht ziehen können. Am besten, du entfernst das Stillkissen, wenn es eingeschlafen ist.) Wenn es anfängt zu weinen, leg deine Hand auf seine Hüfte und lass sie ganz sanft vibrieren. Du kannst auch leicht seinen Rücken klopfen oder dein Baby wieder auf den Arm nehmen. Beruhige es, bis es wieder schläfrig ist. Dann legst du dein Kind wieder hin. Natürlich bleibst du die ganze Zeit da und nimmst dein Baby immer wieder auf den Arm. Auch wenn ihr sicher viele Anläufe braucht – mit der Zeit lernt dein Baby, dass es sicher ist, in seinem Bettchen einzuschlafen, und Mama da ist. Ihr werdet an den Punkt kommen, wo dein Baby beim Ablegen nur noch vor sich hin grummelt oder einfach die Augen zumacht und weiterschläft. Ein wichtiger Lernprozess auch für die Zukunft, wenn es zwischen den Schlafphasen leicht aufwacht und von allein wieder einschlafen soll.

Mama-Tipps:

»Ich habe einen Drehstuhl und einen kleinen Hocker im Kinderzimmer. Auf den Hocker stelle ich meine Füße, und so liegt mein jetzt schon zweijähriger Sohn auf meinem Schoß. Ich kann ihn ganz sanft bewegen, und mich strengt es kaum an. Kurz vor dem Einschlafen geht er dann aber in sein Bett. Das ist unser Ritual geworden.«

»Ich habe mich mit meinem Baby im Arm auf unser großes Bett gelegt. Wenn sie gerade eingeschlafen war, habe ich sie sanft neben mich aufs Bett rutschen lassen. Irgendwann ging es dann, dass wir uns einfach zusammen hingelegt haben, ich von ihrer Stirn über die Nase gestrichen habe und sie einfach die Augen zugemacht hat. Das ist allerdings unser Status quo, ich muss danebenliegen. Aber besser als tragen!«

Frage 11: Ich habe panische Angst vor dem plötzlichen Kindstod – kann man dieser Gefahr irgendwie vorbeugen?

> *Ich habe von meiner Nachsorgehebamme letzte Woche von dem plötzlichen Kindstod erfahren. Seitdem habe ich solche Angst, dass es meinen Kleinen treffen könnte! Er ist gerade drei Monate alt und hatte ein niedriges Geburtsgewicht – das ist ja schon ein Risiko. Abends bin ich total erschöpft und möchte nur schlafen, trotzdem horche ich die ganze Zeit, um keinen Atemaussetzer zu verpassen. Auf Anraten meiner Hebamme lege ich ihn zum Schlafen nur auf den Rücken. Was kann ich sonst noch tun, um den plötzlichen Kindstod zu vermeiden?*

Die Angst vor dem plötzlichen Kindstod (*SIDS – Sudden Infant Death Syndrome*) kann man wohl erst verstehen, wenn man selbst ein Kind hat. Jede Mama kennt das Gefühl, nachts mit klopfendem Herzen aufzuwachen und nachzuschauen, ob das Baby noch atmet. Experten sprechen vom plötzlichen Kindstod, wenn ein scheinbar gesundes Baby unter einem Jahr ohne Anzeichen von Krankheitssymptomen plötzlich stirbt – sprich, wenn bei einer Autopsie keine andere Todesursache gefunden wird. In Deutschland ist die Zahl der betroffenen Kinder dank Präventionskampagnen in den Neunzigerjahren auf etwa hundert pro Jahr gesunken. Seit dieser Zeit wird das Rücken- statt Bauchschlafen empfohlen. Trotzdem ist der plötzliche Kindstod die häufigste Todesursache bei Kindern, die jünger als zwölf Monate sind. Das Hauptrisiko besteht für Kinder in den ersten beiden Lebenstagen und im zweiten bis vierten Lebensmonat. Häufigster Zeitpunkt ist in der Nacht zwischen 22 Uhr und 10 Uhr morgens und öfter im Winter. Zu sechzig Prozent sind Jungen betroffen.

Die Ursachen sind bisher nicht geklärt. Aber Kinderärzte erklären, dass ein erhöhtes SIDS-Risiko für Kinder besteht, auf die die nachfolgenden Faktoren zutreffen:

- Dein Baby ist zu früh auf die Welt gekommen (vor Woche 37; vor Woche 33 besteht ein besonders hohes Risiko).
- Dein Baby ist mit Untergewicht geboren worden (unter 2000 Gramm).
- Dein Baby kam als Zwilling/Mehrling zur Welt.
- Ein Geschwisterchen ist bereits an SIDS gestorben.

Du kannst die folgenden Präventionsmaßnahmen ergreifen, um das Risiko zu senken:

- Das Kind zum Schlafen auf den Rücken legen: In einer Studie[2] wurde nachgewiesen, dass sich bei Babys, die mit dem Gesicht nach unten schlafen, Kohlendioxid zwischen Gesicht und Matratze sammelt. Der Säugling atmet das tödliche Gas unweigerlich ein. Die meisten Babys wachen auf, wenn der CO_2-Gehalt im Blut gefährlich erhöht wird. Aber eben nicht alle. Das ist nur eine von vielen unterschiedlichen Theorien, aber das Fazit bleibt gleich: Die Rückenlage gilt als sicherste Schlafposition.

- Kaufe eine flache, feste und atmungsaktive Matratze – ohne Kissen, Decke oder Fell. Dein Baby sollte nicht zugedeckt werden, sondern in einem Schlafsack schlafen. So kann sich das Baby weder freistrampeln noch unter der Decke Atemnot bekommen.
- Dein Baby sollte beim Schlafen nicht schwitzen. Zieh es nicht zu dick an, und fühle im Nacken die Körpertemperatur. Es sollte nicht kühl, aber auch nicht schwitzig sein. Feuchte Haare, Hitzepickel oder eine schnelle Atmung sind Anzeichen dafür, dass deinem Baby gerade sehr heiß ist. Kinderärzte empfehlen im Schlafzimmer eine Raumtemperatur um die achtzehn Grad.
- Kinderärzte betonen, dass eine rauchende Mutter einen großen Risikofaktor für den plötzlichen Kindstod darstellt.
- Mindestens drei Monate voll zu stillen soll das Risiko ebenfalls senken.
- Biete deinem Baby einen Schnuller an: Diverse Studien[3] zeigen, dass die Gefahr um 45 bis achtzig Prozent sinkt, wenn dein Baby zum Einschlafen einen Schnuller bekommt. Dies verhindert offenbar, dass die Luftzufuhr unterbrochen wird.

Wenn du Sorge hast, dass dein Baby gefährdet sein könnte, sprich mit deinem Kinderarzt. Der wird dein Baby untersuchen und dir gegebenenfalls Überwachungsgeräte verordnen.

Mama-Tipps:
»Man darf trotz der Angst nicht vergessen, jede Sekunde mit seinem Schatz zu genießen. Falls die Angst einen so sehr im Griff hat, dass man sich gar nicht entspannen kann, sollte man das Gespräch mit dem Kinderarzt suchen.«

Frage 12: Das Einschlafen klappt nur bei mir – wie kann mein Kind auch beim Papa in den Schlaf finden?

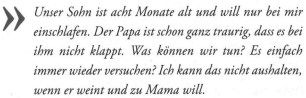

Unser Sohn ist acht Monate alt und will nur bei mir einschlafen. Der Papa ist schon ganz traurig, dass es bei ihm nicht klappt. Was können wir tun? Es einfach immer wieder versuchen? Ich kann das nicht aushalten, wenn er weint und zu Mama will.

Du musst das auch nicht aushalten, und dein Baby auch nicht. Gerade will euer Kleines nur dich. Das ist bei vielen Kindern in einem Alter so, in dem sie langsam anfangen zu krabbeln. Diese anstrengende Zeit bringt auch eine Veränderung im Bindungsverhalten mit sich (s. Frage 93). Dein Sohn will nun einfach lieber bei seiner ersten Bezugsperson einschlafen, und das bist du. Es gibt ihm in dieser aufregenden Phase am meisten Sicherheit. Ihr habt festgestellt, dass das Einschlafen mit Papa nur in viel Gebrüll und Frust für alle endet. Deshalb lasst es erst einmal. Stattdessen sollte euer Kind tagsüber so viele schöne Momente wie möglich mit Papa haben. Je mehr Positives die beiden zusammen erleben, desto näher kommen sie dem Ins-Bett-Bringen.

Am Abend muss Papa auch nicht alles genauso wie du machen. Er kann mit dem Kleinen auch ein eigenes Ritual finden. Kinder können das unterscheiden und genießen mitunter diese Abwechslung. So pirschen sich die beiden an das gemeinsame Einschlafen heran. Wenn ihr das Gefühl habt, dass es passt, probiert es wieder aus.

Mama-Tipps:

»Geh doch mal mit einer Freundin aus! Am besten ein paar Stunden vorher, bevor Schlafenszeit ist – so spürt euer Kind deine Nähe nicht mehr, und Papa wird automatisch sein Anker. Vertraue den beiden, und es wird klappen. Wir haben das einige Tage am Stück gemacht, und schon hat es geklappt.«

»Seitdem mein Mann ein Buch mit unserem Baby anschaut, ist das bei uns kein Problem mehr. Ich mache es ohne Gutenachtgeschichte. Mit Papa muss es mehr Spaß machen als mit dir.«

Frage 13: Mein Kind wird nachts wach und schläft nicht wieder ein – was kann ich tun?

> *Mein Sohn ist weit entfernt vom Durchschlafen. Er wacht mit seinen elf Monaten mindestens fünfmal in der Nacht auf. Manchmal ist er stundenlang wach. Nur ganz selten hat er Phasen, in denen er mal längere*

Zeit am Stück schläft. Wenn ich das anderen Müttern erzähle, bekomme ich ständig zu hören, wie super ihre Kinder durchschlafen und höchstens mal zum Trinken aufwachen. Das kann doch nicht sein. Was kann ich denn tun, damit mein Kleiner besser schläft?

Mach dir keine Gedanken darüber, was die anderen erzählen. Du bist absolut nicht die Einzige mit diesem Problem. Kinderärzte schätzen, dass mindestens ein Viertel der Babys im Alter zwischen sechs und zwölf Monaten nachts öfter aufwachen und nicht von alleine wieder einschlafen.

Ein Grund kann sein, dass dein Kind nun im Traum mehr vom Tag verarbeitet und Zeit braucht, um wieder zur Ruhe zu finden. Außerdem machen viele Kinder kurz vor dem ersten Geburtstag einen oder gleich mehrere Entwicklungsschübe durch, es ist eine Menge los im Babykopf. Durchschlafen fällt dann einfach schwerer als sonst. Auch das Schlafbedürfnis ist in diesem Alter schon sehr unterschiedlich. Manche Kinder brauchen nur zehn, andere vierzehn Stunden Schlaf pro Nacht.

Es gibt einige Tipps, die du ausprobieren kannst:
- Führe einige Wochen lang ein Schlaftagebuch, um zu sehen, wann dein Kind wie viel schläft. So kannst du sehen, wie viele Stunden Schlaf dein Kind am Tag braucht. Eine Konsequenz daraus könnte sein, den Tagschlaf zu reduzieren oder deinen Sohn früher/später schlafen zu legen.
- Spätestens um siebzehn Uhr sollte dein Kind von seinem letzten Tagesschläfchen aufgewacht sein. Noch besser wäre sechzehn Uhr.
- Frische Luft ist wichtig. Die Luft und auch das Licht draußen

helfen dem Körper, einen besseren Rhythmus zu finden und die Nacht zur Nacht zu machen.
- Gestalte die nächtlichen Wachzeiten so reizarm wie möglich. Nur ein ganz sanftes Nachtlicht anmachen. Nicht spielen, nicht unterhalten, nur flüstern.
- Wer weint, wird getröstet, das muss sein. Kuscheln und Nähe helfen vielen Kindern dabei, wieder einzuschlafen.

Meistens brauchen Veränderungen im Tagesablauf, also zum Beispiel weniger Mittagsschlaf, etwa zwei Wochen, bis sie sich auch auf den Nachtschlaf auswirken. Sei also geduldig und beobachte dein Kind genau, wie es ihm tagsüber geht.

Mama-Tipps:

»Hast du Abendrituale, die ihm langsam zeigen, dass es zu Bett geht und er Zeit zum Runterkommen hat? Wir baden jeden Abend um achtzehn Uhr ausgiebig. Dann gibt es eine Massage auf dem Wickeltisch und jede Menge Kuscheleinheiten. Um spätestens neunzehn Uhr liegt er fix und fertig, aber zufrieden im Bett.«

»Wir hatten das gleiche Problem, und es hat sich herausgestellt, dass bei ihm vier Zähne auf einmal gekommen sind. Das Ganze ging viele Wochen. Ich habe einfach durchgehalten und viel gekuschelt, und mittlerweile schläft er wieder gut.«

Frage 14: Ab wann sollte mein Kind im eigenen Bett schlafen?

> » *Mein Kleiner ist jetzt ein Jahr alt, und ich will ihn bald in sein eigenes Zimmer legen. Ab wann habt ihr denn getrennt geschlafen? Könnt ihr überhaupt durchschlafen, wenn ihr euer Kind nicht mehr atmen hört? Eigentlich bin ich unsicher, ob ich den Zwerg schon ausquartieren will!* «

Bei diesem Thema gibt es kein Richtig oder Falsch. Es ist für viele Mütter ein sehr emotionaler Schritt, wenn ihr Baby in sein eigenes Zimmer umzieht. Wann der richtige Zeitpunkt ist, kannst du nach deinem ganz persönlichen Bauchgefühl entscheiden.

Manche Kinder schlafen am besten, wenn sie im Familienbett die Nähe von Mama spüren. Andere »kreiseln« nachts so viel, dass sie ein eigenes Bettchen brauchen, wenn auch noch im Elternzimmer – das ist auch die Empfehlung von Kinderärzten für das erste Lebensjahr. Und manche kommen im eigenen Zimmer viel besser zur Ruhe und schlafen auch tiefer und fester (durch). In einer Studie[4] wurde nachgewiesen, dass Kinder, die im eigenen Zimmer schlafen, früher am Abend und schneller einschlafen. Sie wachen auch weniger oft auf und können besser allein einschlafen. Das heißt natürlich noch lange nicht, dass das auch für dein Kind gilt.

Probiere es einfach aus. Vielleicht bist du überrascht, wie gut dein Kind plötzlich schläft. Vielleicht läufst du auch wochenlang alle paar Stunden ins Kinderzimmer, um dein Kind zu beruhigen – dann ist es noch nicht der richtige Zeitpunkt, und für alle ist es einfacher, wenn ihr zusammen schlaft. Was auch immer du entscheidest, lass dich nicht überreden oder drängen von Leuten, die definitiv keine Nacht mit deinem Kind verbracht haben. Es wird auch nicht immer gleich sein – Kinder werden krank und brauchen mehr Geborgenheit, und schwups haben sie sich wieder an das Elternbett gewöhnt, und das Kinderbett verwaist für einige Wochen.

Mama-Tipps:

»Ich hatte das Gefühl, wir stören unsere acht Monate alte Tochter beim Schlafen. Papa schnarcht, und sie ist oft aufgewacht, wenn ich auf Toilette musste. Deshalb sind wir probeweise ein paar Nächte auf die Couch gezogen, und es hat wunderbar geklappt. Dann haben wir einfach ihr Bett in ihr Zimmer geschoben, ohne Bettwäsche und Schlafanzug zu wechseln, damit alles vertraut bleibt. Hat einfach so funktioniert! Für mich war es viel schwerer als für sie. Aber jetzt schläft sie zu 99 Prozent durch – war wohl die richtige Entscheidung.«

»Meine drei Kinder hatten alle ihre eigene Geschwindigkeit, bei jedem war es anders. Sie haben alle allein entschieden. Die eine wollte damals mit eineinhalb plötzlich ihr eigenes großes Bett, weil sie ja nun ein großes Mädchen war. Mein Sohn kommt mit zwei Jahren immer noch oft nachts in unser Bett geschlichen. Ich reagiere auf Sätze wie ›Du verwöhnst deine Kinder‹ überhaupt nicht mehr. Sie zeigen dir, wenn sie bereit sind. Es geht alles viel zu schnell vorbei, ich genieße es einfach.«

»Unser Sohn hat, bis er ein Jahr alt war, in seinem Bett bei uns im Zimmer geschlafen, dann bis eineinhalb allein in seinem

Zimmer. Jetzt wieder im Familienbett. Es ändert sich eh alles ständig. Nur nicht schreien lassen und sie zwingen, allein zu schlafen!«

Frage 15: In welchen Positionen kann ich mein Baby stillen?

> *Mein Baby ist jetzt eine Woche alt, aber so richtig klappt es mit dem Stillen nicht. Meine Hebamme will mir verschiedene Stillpositionen zeigen. Welche gibt es denn? Und sollte man denn nicht immer gleich stillen, um das Kind nicht zu verwirren?*

Du kannst verschiedene Positionen probieren, das verwirrt dein Baby nicht. Der Positionswechsel hat sogar einige Vorteile: Der Busen wird gleichmäßig entleert, und du beugst schmerzhaftem Milchstau vor. Auch tut es deinem Körper gut, nicht immer in der gleichen Position zu verharren. Ihr werdet mit der Zeit eure Lieblingspositionen finden, in denen das Stillen am besten klappt. Für jede Stillposition gibt es die gleichen Grundregeln:
- Sitze oder liege entspannt, mach es dir bequem.
- Babys Kopf und Körper sollten eine gerade Linie bilden.
- Der Bauch/Oberkörper deines Babys zeigt zu deinem Oberkörper, sodass der Halsbereich des Babys nicht verdreht ist und es nicht »um die Ecke« trinken muss. Dabei soll der Kopf-Hals-Bereich weder überstreckt sein noch das Kinn zu sehr in Richtung Brustkorb zeigen.

- Es ist für dein Baby nicht angenehm, wenn du seinen Kopf oder den Nackenbereich zu fest hältst.

Gängige Stillpositionen:

Wiegehaltung

Diese Haltung ist die am häufigsten verwendete Stillposition: Sie ist bequem, und du kannst sie an jedem Ort einnehmen. Dein Baby liegt in der Höhe deiner Brust in deinem Arm, sein Bauch zeigt zu deinem Bauch. Indem du ein Kissen unter deinen Arm legst, stützt du ihn, und du hältst dein Baby automatisch in der richtigen Höhe.

Rückenlage

Mama liegt auf dem Rücken, Baby auf ihrem Bauch: Diese Position ist für den Anfang gut, weil Babys so am natürlichsten und sehr selbstständig die Brustwarze erfassen können, was Problemen wie Milchstau und wunden Brustwarzen vorbeugt. Außerdem gut geeignet für sehr große Brüste.

Footballhaltung

Das Baby liegt auf der Seite mit dem Bauch zu deinem Oberkörper. Seine Beine liegen unter deinem Arm. Stillst du rechts, dann liegt es unter deinem rechten Arm, und umgekehrt. Die

Füße zeigen nach hinten zur Wand oder zur Sofalehne. Diese Position heißt Footballhaltung, weil man das Kind wie den Ball beim American Football unter dem Arm hält. Sie ist gut für die Anfangstage geeignet, da du so einen guten Blick auf das Anlegen des Kindes hast.

Aufrechte Stillhaltung

Diese Position erfordert etwas mehr Erfahrung. Man muss eher beherzt zufassen und ein gutes Gefühl für das Kind und seine Bewegungen haben. Deshalb wird sie meist erst in der späteren Stillzeit, nach ein paar Monaten, verwendet. Dein Baby sitzt auf deinem Oberschenkel nah an deinem Bauch, und mit dem Arm auf der Seite der Brust, mit der du stillst, stützt du den Rücken und den

Kopf des Babys. Diese Position ist gut, wenn der Milchfluss stark ist und dein Baby sich häufig verschluckt. In der aufrechten Haltung kann es besser regulieren, wie viel Milch in den Mund kommt.

Liegeposition

Diese Position ist in den ersten Tagen nach der Geburt beliebt. Du entlastest im Liegen gleichzeitig deinen Beckenboden. Stütze deinen Kopf

mit der Hand oder einem Kissen. Dein Baby liegt auf der Seite in Brusthöhe und mit dem Bauch zu dir gewandt. Mit dem oberen Arm kannst du seinen Kopf sanft führen.

Mama-Tipps:

»Je mehr Stillpositionen man in den ersten Tagen ausprobiert, desto mehr Milchdrüsen werden ›aktiviert‹ und produzieren dann mehr Milch, hat meine Hebamme gesagt. Deshalb habe ich im ersten Monat immer wieder gewechselt.«

»Bei mir hat es auch erst nach zwei bis drei Wochen wirklich geklappt. Also so, dass die Kleine auch satt wurde. Ich denke, die Positionen verwirren das Baby nicht, da es ja immer ›denselben Sauger‹ hat.«

Frage 16: Ich glaube, dass mein Kind an der Brust nicht richtig satt wird. Wie kann ich meine Milchmenge steigern?

Meine kleine Tochter ist sechzehn Wochen alt, und nach dem Stillen weint sie neuerdings öfter. Sonst ist sie immer satt und zufrieden eingeschlafen. Ich merke außerdem, dass meine Brüste langsam nicht mehr so prall sind wie sonst. Kann es sein, dass sie an der Brust nicht richtig satt wird? Wie kann man die Milchmenge wieder steigern?

Diese Sorge haben sehr viele Mamas – das Wichtigste ist, zuerst mit einer Hebamme oder Stillberaterin zu sprechen, bevor du zufütterst. Der Schein trügt nämlich oft: Es gibt auch andere Gründe, warum dein Baby nach dem Stillen weint (s. Frage 19). Und wenn deine Brüste sich plötzlich weicher anfühlen, ist das allein nicht zwingend ein Anzeichen dafür, dass du jetzt weniger Milch hast. Worauf du allerdings achten solltest, ist, ob dein Baby nach wie vor dieselbe Anzahl an nassen Windeln produziert und es in gewohntem Maße zunimmt.

Falls deine Milchproduktion tatsächlich zurückgegangen ist, gibt es einige Tricks, wie du sie wieder ankurbeln kannst:
- Eine der häufigsten Ursachen für die verringerte Milchproduktion ist, dass dein Baby deine Brüste nicht komplett leer trinkt. Dadurch wird ein Molkenprotein ausgeschüttet, das in den nicht entleerten Bereichen der Brust die Milchbildung hemmt. Die sogenannte »Hintermilch«, die in diesem Fall noch in den Brüsten verbleibt, hat einen fünffach höheren Fettgehalt. Es ist also eine doppelte Verschwendung, sie nicht zu entlocken. Du kannst sie nach dem Stillen noch per Handmassage oder mit einer elektrischen Pumpe gewinnen – und dann mit einer Flasche füttern oder einfrieren. Zusätzlich wird so die Produktion wieder angekurbelt. Eine elektrische Pumpe kannst du auch auf Rezept von deiner Frauenärztin bekommen oder in Apotheken ausleihen. Die Handhabung ist viel einfacher als bei Handpumpen.
- Häufigeres Anlegen des Babys ist entscheidend für die Milchproduktion – die Nachfrage bestimmt das Angebot. Tagsüber am besten ca. alle 2,5 Stunden, nachts alle drei bis vier Stunden entweder stillen oder den Wecker zum Abpumpen stellen.

- In manchen Fällen ist auch das Trinkverhalten deines Kindes die Ursache: Es saugt nicht optimal (etwa aufgrund eines verkürzten Zungenbändchens, das kommt bei zwei bis vier Prozent der Säuglinge vor) und regt so die Milchbildung nicht genug an.
- Pflanzliche Mittel wie Bockshornkleekapseln oder Stilltees helfen (halte vorher Rücksprache mit Arzt oder Hebamme). Bockshornkleesamen gelten als stark milchtreibend. Zusammen mit Anis, Fenchel, Kümmel und Melisse kommt er daher oft in Stillteemischungen vor. Eine wirksame Kombination soll auch Benediktenkraut – das im Volksmund tatsächlich »Milchdistel« genannt wird – mit Bockshornkleesamen sein.
- Manchmal kann Akupunktur helfen – frag deine Hebamme.
- Vermeide Stress. Auch der kann deinen Hormonhaushalt negativ beeinflussen und somit die Milchbildung hemmen.
- Starte während der Stillzeit keine Diät. Du solltest viel, gesund und ein- bis zweimal am Tag warm essen. Immerhin hast du durch das Stillen einen erhöhten Kalorienbedarf (ca. fünfhundert Kalorien zusätzlich).
- Hebammen empfehlen oft auch Lecithin-Granulat. Es kann den Milchfluss positiv beeinflussen. Am besten wirkt es, wenn du während der Einnahme weniger Milchprodukte und tierische Fette zu dir nimmst.
- Es gibt auch ein paar unbedenkliche Medikamente. Lass dich von Arzt oder Hebamme beraten.

Nicht zu schnell aufgeben: Diese Maßnahmen kosten dich etwa eine, manchmal auch mehrere Wochen Mühe.

Mama-Tipps:

»Ich hatte auch direkt am Anfang zu wenig Milch für mein Baby. Im Gespräch mit meiner Hebamme stellte sich herraus, dass ich viel zu wenig getrunken habe. Ich habe jetzt immer zwei große Flaschen mit Wasser und Saftschorle auf dem Tisch stehen und sehe zu, dass sie am Abend leer getrunken sind.«

»Ich habe ganz viel Fenchel gegessen. Entweder im Salat oder pur mit Schinken. Das war meine Geheimwaffe.«

»Mein Wundermittel waren alkoholfreie Malzgetränke. Danach lief wieder alles! Ich hatte auch angefangen, zuzufüttern – ich hätte gern eher gewusst, dass die Hausmittel super funktionieren.«

Frage 17: Meine Brustwarzen sind wund. Was hilft dagegen?

> *Ich brauche Hilfe bei wunden Brustwarzen. Ich stille voll, und es tut jedes Mal weh, wenn ich meine kleine Tochter anlege. Es ist so schlimm, dass mir die Tränen kommen. Was soll ich tun?*

Manchmal ist Stillen leider nicht so schön, wie alle sagen. Du merkst das gerade mit aller Deutlichkeit.

Bei wunden Brustwarzen ist die empfindliche Haut der Warze und des Warzenhofes stark beansprucht, hat Risse bekommen und reagiert schon auf die kleinste Berührung sehr empfindlich.

Es gibt verschiedene Ursachen, die du vermeiden solltest:

- Wenn dein Baby die Brustwarze nicht voll mit dem Mund umschließt, verformt sie sich beim Trinken, und die Haut wird durch das Saugen gereizt.
- Du solltest beim Stillen nichts hören: Wenn dein Baby schmatzt, befindet sich Luft zwischen Mund und Warze, und auch das reizt die empfindliche Haut.
- Achte auf die Stillposition (s. Frage 15). Wechsle die Position in eine, in der du nicht so häufig anlegst. Damit entlastest du die Stelle, die dir wehtut.

Das hilft gegen die Schmerzen:

- Träufle nach dem Stillen etwas Muttermilch oder 0,9-prozentige Kochsalzlösung (NaCl) aus der Apotheke auf die Brustwarze. Das fördert den Heilungsprozess.
- In der Apotheke gibt es viele Salben für wunde Brustwarzen, zum Beispiel mit Lanolin, einem Wollwachs, und spezielle Baumwollkompressen. Sie helfen der Haut bei der Regeneration. Vorher in den Kühlschrank legen, dann kühlen sie angenehm.
- Lass nach dem Stillen ganz viel Luft an den Busen. Denn im feuchtwarmen Klima unter der Kleidung können sich schnell Keime auf der angegriffenen Haut ansiedeln und eine Brustentzündung (s. Frage 21) verursachen. Es gibt auch einen Brustwarzenschutz, der donutartig geformt ist und alles von der Brustwarze fernhält, was reiben könnte.
- Du kannst eine Weile mit Brusthütchen stillen oder nur abpumpen, damit deine Brustwarzen sich erholen können.

Mama-Tipps:

»Mir war nicht klar, wie viel Brustwarze in den Mund meines Sohnes muss. Dadurch, dass er nur vorn nuckelte, rieb er die ganze Zeit mit seiner kleinen Reibeisenzunge an meiner Brustwarze. Ich hatte höllische Schmerzen. Die Hebamme hat ihm immer vorgemacht, wie er vor dem Anlegen die Zunge rausstrecken muss. Erst dachte ich, sie spinnt, wie soll mein zwölf Tage altes Baby das verstehen. Aber irgendwie hat das geholfen, und plötzlich waren die Schmerzen weg.«

Frage 18: Mein Kind schreit meine Brust vor dem Anlegen an – was ist das?

> *Mein Sohn ist drei Monate alt, und ich stille. Bisher lief es problemlos, aber seit ein paar Tagen trinkt er ein paar Schlucke, dockt ab und schreit los. Dann trinkt er wieder minimal und schreit wieder. Das geht fast zehn Minuten lang, bis er richtig trinkt. Ich habe definitiv genug Milch. Was kann ich tun?*

Es gibt etwas, das nennt sich »Brustanschreiphase« oder auch »Brustschimpfphase«. Davon hat man nur meist noch nie gehört, wenn es einen nicht betrifft. Das haben viele Babys im Alter von drei bis fünf Monaten – aber es vergeht auch wieder. Manche Mütter vermuten dann, sie produzierten nicht genug Milch. Und zuzusehen, wie das Baby sich überstreckt, mit dem Kopf gegen die Brust stößt oder sogar wütend die Brustwarze mit dem Mund lang zieht (aua!), ist schlimm. Nachts trinken die Kleinen meistens problemlos wie vorher auch, nur bei den Tagesmahlzeiten streiken sie gern.

Mögliche Ursachen für die Brustschimpfphase:
- Die häufigste Ursache: eine Entwicklungsphase. Zum Ende des dritten Lebensmonats nimmt das Baby viel mehr wahr. Es entwickelt seine Motorik, kann plötzlich erste Laute formen und Mimik nachahmen. Es muss diese überwältigenden neuen Sinneseindrücke verarbeiten. Diese Leistung ist vergleichbar mit einem Sechzigstundenjob bei Erwachsenen! Es fällt deinem Säugling schwer, sich tagsüber auf das Trinken zu konzentrieren, wenn ringsherum so viel passiert. Deshalb fällt nachts, wenn es dunkel ist, das Stillen leichter.
- Ein sehr starker Milchspendereflex: Dein Baby verschluckt sich und ist deshalb frustriert. Am besten lässt du erst etwas Milch laufen, bevor du dein Kind anlegst. Alternativ raten Hebammen zu einer Stillposition, bei der du dein Kind über dem Niveau der Brust anlegst.
- Ein schwacher Milchspendereflex: Deine Milch fließt deinem Baby nicht schnell oder stark genug. Hebammentrick: ein Glas warmes Wasser beim Stillen trinken.
- Deine Milchmenge geht zurück: Dein Baby wird nicht mehr satt beim Trinken (s. Frage 16).
- Dein Baby hat Schmerzen: Seine Zähne schießen ein, die Kauleiste schmerzt, oder es hat Ohrenschmerzen. Wenn sich dein Baby ständig stark überstreckt, solltest du auch die Möglichkeit einer Verspannung im Hals-Wirbelsäulen-Bereich in Betracht ziehen.
- Dein Baby möchte nur nuckeln: Es hat gerade gar keinen

Hunger und möchte einfach nur zur Beruhigung etwas saugen. Teste das mit Hilfe eines Schnullers.

Mama-Tipps:

»Das war bei uns ähnlich. Meine Hebamme hat mir den Tipp gegeben, beim Stillen die Vorhänge zuzuziehen, um es etwas dunkler zu machen. Manchmal hat auch ein Spucktuch über dem Kopf geholfen. Ob es jetzt das war oder die Zeit – auf jeden Fall hat es nach ein paar Tagen aufgehört.«

»Unser Kleiner hat sich auch immer überstreckt und elendig geweint. Wir waren dann beim Osteopathen. Bereits nach der ersten Behandlung hat sich das Strecken gebessert, und nach der zweiten war alles wieder gut.«

Frage 19: Mein Baby will ständig trinken – ist das normal?

> *Mein Sohn ist drei Wochen alt. Nach einigen Startschwierigkeiten hat sich mit dem Stillen alles eingependelt. Er trinkt alle zwei bis drei Stunden. Seit zwei Tagen trinkt er gegen Abend allerdings alle zwanzig Minuten. Er trinkt und schläft abwechselnd. Wenn ich mal aufstehen will und meine Brustwarze seinen Mund verlässt, weint er sofort. Bekommt er zu wenig Milch?*

Die beruhigende Nachricht gleich vorweg: Es handelt sich – wie so oft – nur um eine Phase. Hebammen bestätigen: Meistens dauert sie sogar nur ein paar Tage. Wenn sie doch länger geht, solltest du zur Sicherheit deine Hebamme konsultieren. Dieses Dauerstillen nennt sich *Clusterfeeding* (»häufiges Füttern«). In der Regel kommt es in den ersten Lebenswochen vor und am häufigsten in den Nachmittags- oder frühen Abendstunden.

Die Gründe dafür:
- Dein Neugeborenes hat einen sehr kleinen Magen. Kleine, häufige Mahlzeiten kann es besser aufnehmen. Außerdem ist Muttermilch leicht und schnell verdaulich. Mit vielen kleinen Mahlzeiten bereitet sich das Baby auf eine längere Schlafphase vor – deshalb passiert das »clustern« auch so oft in den Abendstunden.
- Das permanente Saugen regt die Ausschüttung von Prolaktin an, dem Hormon für die Milchbildung. Dein Baby gibt quasi eine erhöhte Milchbestellung bei dir auf. Es hat mehr Hunger als sonst.
- Dein Baby braucht deine Nähe. Viele Säuglinge zieht es zur Mama, wenn sie einen Wachstums- oder Entwicklungsschub durchmachen. Sie brauchen die Brust als Tröster, als direkte Verbindung zur Mama.

Höre nicht auf Menschen, die dir einreden wollen, das Kind auch mal schreien zu lassen und nicht so häufig anzulegen. Heute empfehlen Hebammen Stillen nach Bedarf, nicht nach einer Vierstundenregel oder Ähnlichem. Frühe Stillzeichen deines Babys sind das Saugen an den eigenen Fingerchen und Schmatzen. Manche drehen den Kopf von einer Seite auf die andere. Die kleinen Zeichen zu erkennen, muss man erst lernen. Wenn das Baby schreit, ist das ein spätes Zeichen, denn anders kann es sich nicht mehr bemerkbar machen. Mit der Zeit gelingt es dir immer besser, zu erkennen, wann dein Baby Hungersignale gibt.

Mama-Tipps:

»Die Phase hatte meine Tochter auch. Ich habe sie dann in ein Tragetuch gepackt und darin quasi dauer-angelegt und -gestillt. So konnte ich dann auch mal das Haus verlassen.«

»Meine Tochter wollte anfangs auch stundenlang an meine Brust. Mir fiel vor allem auf, dass sie besonders anhänglich war, wenn wir viel unterwegs waren und viel erlebt hatten. Als würde sie dann den Tag an meiner Brust verarbeiten. Durchhalten! Es wird besser.«

Frage 20: Mein Kind hat eine Lieblingsbrust. Was mache ich?

> *Ich habe vor zwei Wochen mein Kind bekommen und stille. Nun habe ich das Problem, dass mein Kind nur auf der linken Seite trinkt und rechts auf einmal die Milch wegbleibt. Ich fühle mich in meinem Körper nicht mehr wohl, da die linke Brust nun zwei Nummern größer ist als die rechte. Soll ich trotzdem weiter stillen oder lieber aufhören? Oder was kann ich tun,*

damit ich auch wieder Milch in der rechten Brust habe und mein Kleiner auch daran trinkt?

Du brauchst deshalb nicht mit dem Stillen aufzuhören. Man kann einiges tun, um das Problem zu beheben – frage aber auch deine Hebamme oder eine Stillberaterin. Häufig liegt die Ursache in einer leichten Verspannung oder Blockierung im Bereich der Halswirbelsäule, die ein Physiotherapeut oder ein Osteopath schnell lösen kann. Lass auch deine Hebamme schauen, ob dein Baby ein verkürztes Zungen- oder Lippenbändchen hat. Manche Mamas haben auch unterschiedlich geformte Brustwarzen; nicht nur dann hilft es, das Baby in vielen unterschiedlichen Positionen auf der Problemseite anzulegen (s. Frage 15). So findet es hoffentlich »seine« Stellung, in der es am besten trinken kann. Rotlicht oder Wärme (mit einem warmen Waschlappen vor dem Anlegen) lassen die Milch besser laufen. Probiere auch aus, die Seiten während einer Mahlzeit häufig zu wechseln.

Die Milchproduktion in der Brust, an der dein Baby nicht trinkt, kannst du mit regelmäßigem Abpumpen zurückholen. Das wird auch die Form und Größe der Brust wieder verändern.

Mama-Tipps:

»Lege den Kleinen mal andersherum an – quasi Füße nach hinten, seinen Körper an deiner Seite und den Kopf vorne. Eigentlich wie eine Handtasche unter dem Arm. Dann denkt er, dass es die linke Brust ist.«

»Immer wieder anbieten. Bei uns war das mal wieder nur eine berühmte Phase.«

Frage 21: Was mache ich bei einem Milchstau?

 Ich stille meinen zehn Tage alten Sohn voll. Seit gestern schmerzt meine linke Brust extrem. Sie fühlt sich ganz hart und knotig an – meine Nachsorgehebamme hat bereits einen Milchstau diagnostiziert. Sie kommt momentan täglich, um meine Brust zu überprüfen. Gibt es noch Tipps, die helfen?

Ein Milchstau ist schrecklich, von einem auf den anderen Tag hat man nicht nur geschwollene, knotige und heiße Brüste, sondern meist auch noch Fieber und Schüttelfrost. Wie eine Grippe plus Brustschmerzen.

Wie der Name schon verrät, staut sich dabei Milch in deiner gesamten Brust oder in Teilarealen. Hebammen schätzen, dass rund dreißig Prozent der Stillmamas damit zu kämpfen haben.

Gründe können ein schlecht sitzender, drückender BH oder nicht gleichmäßig ausgetrunkene Brüste sein – und ganz oft ist die Ursache auch Stress.

Wenn du merkst, dass sich ein Milchstau anbahnt, ruf deine Hebamme oder eine Stillberaterin an.

Du solltest einen Milchstau schnell beheben, denn daraus kann eine schlimme Brustentzündung (Mastitis) entstehen.

Hilfreiche Maßnahmen bei einem Milchstau:
- Die harten Stellen vor den Stillmahlzeiten erwärmen (z. B. mit einem Kirschkernkissen oder einer warmen Dusche)

und nach dem Trinken kühlen. Kein Eis verwenden, wickle lieber ein Coolpack in ein Tuch oder mach einen Quarkwickel.
- Die Knoten ganz leicht massieren, zu viel Druck kann die Beschwerden verschlimmern. Leg einen vibrierenden Gegenstand daran, z. B. eine elektrische Zahnbürste.
- Leg dein Baby häufiger an, auch wenn es wehtut. Dein Baby muss die betroffenen Stellen leer trinken. Da, wo das Kinn bzw. der Unterkiefer deines Kindes liegt, entleert sich die Brust zuerst – also eine entsprechende Stillposition (s. Frage 15) probieren.
- Frag deine Hebamme, ob und wie du Milch abpumpen solltest. Bitte nicht auf eigene Faust – das kann unter Umständen kontraproduktiv sein.

Wenn du die Schmerzen nicht aushältst, kannst du nach Rücksprache mit der Hebamme stilltaugliche Schmerzmittel nehmen.

Brustentzündung (Mastitis)

Wenn ein Milchstau nach drei Tagen nicht deutlich besser ist, musst du zum Arzt. Du könntest eine richtige Brustentzündung haben – das Tückische daran ist, dass die Symptome denen des Milchstaus sehr ähnlich sind: Du hast Brust- und Gliederschmerzen, Schüttelfrost, und das Fieber, meist über 40 Grad, will nicht fallen. Manchmal tritt sogar eitriges Sekret aus der verhärteten Brust aus. Ungefähr zwanzig Prozent der Stillmamas sind davon betroffen.

Im Unterschied zum Milchstau ist bei einer Brustentzündung oft eine Behandlung mit einem stillfreundlichen Antibiotikum nötig. Manche Mamas müssen sogar ins Krankenhaus.

Mama-Tipps:

»Ich habe kleine Gästehandtücher in einer Schüssel mit Wasser in den Kühlschrank gestellt und sie nach dem Stillen auf meine heißen Brüste gelegt.«

»Ich habe mir ein natürliches Heilmittel für Brustentzündungen mit ätherischen Ölen aus der Apotheke geholt und mir damit Brustwickel gemacht. Warze und Warzenhof aber aussparen!«

»Wenn ich gemerkt habe, dass mein Baby Hunger bekommt, habe ich mich vor dem Stillen kurz unter die Dusche gestellt und die Milch ganz vorsichtig ausgestrichen. Dann war alles irgendwie schon warm und gut im Fluss. Meine Hebamme hat auch geraten: Eher nur den Warzenhof zusammendrücken und die Knoten in Ruhe lassen.«

Frage 22: Gibt es einen Weg, nachts weniger zu stillen?

> *Meine Tochter ist elf Monate alt und wird nachts immer noch gestillt. Tagsüber bekommt sie Brei und teilweise Familienkost. Aber nachts will sie alle zwei Stunden an die Brust, nuckelt ein wenig und schläft wieder ein. Das muss doch langsam mal weniger werden, oder? Warum hat sie immer noch so oft Hunger? Kann ich irgendetwas tun, damit sie vielleicht nur noch ein- bis zweimal pro Nacht gestillt werden möchte?*

Nach elf Monaten ist es meist nicht nur Hunger, der dein Kind alle zwei Stunden deine Nähe suchen lässt. Dein Baby hat sich an die Nähe und den Kontakt gewöhnt, und es fühlt sich sicher und wohl. Sie wird nur kurz ein paar Schlucke nehmen und dann beruhigt wieder einschlafen. Babys mögen ihre Routine, und es ist recht schwierig, sie umzugewöhnen.

Es kann natürlich vorkommen, dass Babys einen Wachstums- oder Entwicklungsschub durchmachen. Dann sind sie hungriger und anhänglicher oder auch mal schlecht gelaunt (s. Frage 42). Achte darauf, dass dein Kind über den Tag viel trinkt, also auch Wasser. So kannst du ausschließen, dass es ständig aufwacht, weil es durstig ist.

Und dann hilft nichts anderes, als die Verbindung »nuckeln und einschlafen« langsam zu unterbrechen. Versuche, statt deinem Kind die Brust zu geben, es in deinen Armen in den Schlaf zu wippen oder (im Schaukelstuhl) zu schaukeln. Dann braucht es zwar für eine gewisse Zeit noch immer das Wippen als Einschlafvehikel, aber das ist einfacher zu lösen als die Verbindung »schlafen und nuckeln«.

Nun beginnst du mit folgendem Plan: Mit der Zeit hörst du auf zu wippen, kurz bevor dein Baby einschläft. Wenn es protestiert, wippe oder schaukle weiter. Wenn das funktioniert, versuche aufzustehen oder stillzustehen, mit deinem Baby so im Arm, dass du es ablegen kannst.

Als Nächstes legst du dein Baby im Halbschlaf ins Bett. Die meisten Babys wachen jetzt auf und protestieren. Dann nimm es wieder heraus und wippe es wieder in den Schlaf. Irgendwann kannst du dein Kind ins Bett legen, und es wird wissen, dass es sicher ist, dort wieder einzuschlafen. Dann wird dein Baby vielleicht nur noch deine Hand halten wollen oder sich gleich ganz wegkuscheln und die Augen schließen. Das Ganze wird sicher einige Wochen dauern. Und vielleicht wäre bis dahin die Phase ohnehin vorbei gewesen ...

Mama-Tipps:
»Es kann auch sein, dass der ›Brustduft‹ sie weckt. Vielleicht mal ausprobieren, wie es ist, wenn sie bei Papa schläft.«

Frage 23: Mein Kind schläft nur an der Brust ein. Was kann ich tun?

> *Ich stille meinen fünf Wochen alten Sohn voll. Wenn er müde ist, hilft nur die Brust – anders schläft er gar nicht ein. Er trinkt gar nicht immer, sondern ich bin sein lebendiger Schnuller (einen echten Schnuller nimmt er nicht). Ich habe ein wenig Angst, dass er sich daran gewöhnt. Mein Mann kann ihn gar nicht ins Bett bringen. Ich frage mich, wie ich jemals abstillen soll – das wollte ich machen, sobald er vier Monate alt ist. Aber wie soll er sich dann beruhigen und einschlafen?*

Erst mal vorab: Dein Baby verhält sich völlig normal für sein Alter. Die meisten Babys schlafen über der Abendmahlzeit ein, ob sie gestillt werden oder die Flasche bekommen. Neben dem Hunger haben Neugeborene einen erhöhten Bedarf an Nähe und Wärme. Immerhin haben sie zehn Monate in deinem Bauch verbracht. Dort war es immer kuschelig warm und die Geräusche gedämpft. Deine Brust bietet dem Baby Sicherheit, Rückversicherung, Ruhe, Nähe – und sorgt für Bonding. Du brauchst keine Angst zu haben, dass du dein Baby verwöhnst, weil du immer auf Anfrage die Brust gibst. Im Gegenteil: Du gibst ihm das, was es momentan ganz dringend braucht! Sich darüber Gedanken zu machen, wie es in einem oder gar drei Monaten sein wird, bringt bei Babys nichts. Zu schnell, zu individuell ändern sich ihre Schlafgewohnheiten.

Du kannst aber anfangen, ein Abendritual einzuführen. Wichtig ist täglich der gleiche Ablauf (Babys lieben feste Rituale) und dass es nicht zu lange dauert.

Ein Beispiel: Parallel zum Wickeln und Schlafanzuganziehen schon leiser sprechen und das Zimmer abdunkeln. Das Baby soll merken: Es wird Abend, Ruhe kehrt ein, so kann es runterkommen. Dein Baby weiß irgendwann genau, dass es ins Bett geht, sobald der Schlafanzug angezogen wird.

Die meisten Babys brauchen ein Vehikel, um einzuschlafen: Schnuller oder Schmusetuch, die Flasche oder eben die Brust. Wenn sich dein Baby an deine Brust als Einschlafregulation gewöhnt hat, kann es laut Hebammen schon mal ein Jahr oder länger dauern, bis es bereit ist, diese aufzugeben. Kann, muss aber natürlich nicht! Sieh es auch mal so: Einschlafstillen ist sehr wirksam – wenn das euer Weg ist, dann ist das eben so. Viele Eltern, die das nicht haben, kämpfen schon früh lange beim Ins-Bett-Bringen.

Jede Mama sollte selbst entscheiden, ob sie die »Kuschelbrust« nur zum Nuckeln oder nur zum Füttern anbietet.

Wenn es aus organisatorischen Gründen nötig ist, dass das Einschlafen auch ohne dich funktioniert, musst du für dein Kind eine andere Schlafregulation finden:

- Du könntest probieren, den Schnuller anzubieten.
- Ein Schmusetier, eventuell mit *White Noise*-Funktion (»weißes Rauschen«), das du ihm immer zum Schlafen gibst.
- Dein Partner muss stärker involviert werden. Bisher war er beim Stillen außen vor. Er muss verstehen, dass es beim abendlichen Kuscheln nicht nur ums Füttern, sondern um Nähe geht. Hebammen raten, dass der Partner je nach Möglichkeit auch tagsüber übt, das Baby zu beruhigen. Und zwar ohne dass nach einer Minute gleich Mama zum Stillen kommt. Väter entwickeln in der Regel ihre ganz eigenen Möglichkeiten, man muss sie nur mal machen lassen – und nicht gleich eingreifen. Die so erprobte Methode kann Papa dann auch abends zum Einschlafen anwenden.

Mama-Tipps:

»Das ist jetzt kein Witz: Meine Hebamme hat mir immer gesagt, Babys verstehen viel mehr, als wir glauben. Ich habe meinem Baby beim Einschlafen immer gesagt: ›Psst, es ist dunkel, da muss man schlafen.‹ Auch nachts, wenn es aufgewacht ist. Das hat tatsächlich funktioniert. Und sie hat mir so eine Zuversicht mitgegeben, dass mein Baby auch irgendwann ohne Brust einschlafen wird, von ganz allein.«

»Mach dir nicht solche Sorgen. Mein Baby ist erst nur an der Brust eingeschlafen. Mit sechs Monaten habe ich abgestillt, dann brauchte er eine Flasche. Und mit acht Monaten wollte er die einfach nicht mehr und ist so eingeschlafen! Allerdings habe ich immer bei ihm gelegen, bis er eingeschlafen ist. Heute vermisse ich diese Zeit.«

»Mein Kind ist zwei und trinkt abends noch eine Flasche. Es ist halt so, jedes Kind ist anders. Will sagen: Jede Familie muss ihren eigenen Weg finden. Dafür schläft sie ohne Theater ein.«

Frage 24: Ich habe seit der Geburt Muskel- und Gelenkschmerzen – woher kommt das?

> *Ich bin Mama einer fünf Monate alten Tochter. Seit einigen Wochen habe ich Schmerzen in den Gelenken (besonders Knie und Füße) – morgens beim Aufstehen und wenn ich mich eine Weile nicht bewegt habe. Neuerdings habe ich nachts auch Schmerzen in den Handgelenken. Ungünstig, wenn ich meine Tochter nachts zum Stillen aus ihrem Bettchen hebe. Gibt es ein Mittel dagegen?*

Das Gefühl, sich wie eine alte Frau aus dem Bett hieven zu müssen, kennen viele Mütter. Noch diskutieren Ärzte die Ursachen für diese typischen Mamabeschwerden. Zuerst einmal hat das Schwangerschaftshormon Relaxin in Vorbereitung auf die Geburt dafür gesorgt, dass sich neben dem Beckenboden auch die Bänder der Gelenke lockern. Auch der erhöhte Prolaktinspiegel bei Stillmamas (das Hormon ist für die Milchbildung zuständig) könnte ein Auslöser sein.

Aber neben der hormonellen Umstellung kann auch eine Überforderung der Muskeln und Gelenke die Schmerzen verursachen: Du hebst dein Kind ständig aus dem Bett und trägst es viel herum. Viele verharren beim Stillen sehr lange in einer oft ungesunden Position.

Manchmal kursiert auch das Wort »Stillrheuma«. Laut Gynäkologen gibt es das allerdings nicht im eigentlichen Sinne. Der Name rührt daher, dass die Beschwerden denen von Rheumapatienten gleichen und sie während der Stillzeit auftreten.

Was kannst du tun?

Zuerst einmal: Es wird vergehen. Gymnastik kann helfen, oft schmerzen die Gelenke nur ein paar Minuten nach dem Aufstehen. Achte beim Stillen auf eine bequeme Position und wechsle sie auch öfter mal. Ideal ist Stillen im Liegen.

Dein Hausarzt kann außerdem ein Blutbild machen und so eventuelle Vitamin- und Mineralienmängel aufdecken. Mit Nahrungsergänzungsmitteln und Vitaminpräparaten kannst du dann gegensteuern. Wichtig: Du solltest bei heftigen Beschwerden eine tatsächliche Rheumaerkrankung ausschließen lassen.

Mama-Tipps:

»Ich habe die sogenannte ›Goldene Milch‹ getrunken. In der ayurvedischen Lehre gilt sie als besonders heilendes und reinigendes Getränk. Sie wirkt stark entzündungshemmend, besonders in den Gelenken. Mir hat sie direkt geholfen. Zutaten: 350 ml Mandelmilch (oder andere pflanzliche Milch), 1 EL Kurkuma, 120 ml Wasser, etwas geriebenen Ingwer und Muskatnuss, 1–2 EL Agavendicksaft, je eine Prise schwarzer Pfeffer und Zimt, 1 TL natives Kokosöl.«

»Ich habe Nahrungsergänzungsmittel für die Stillzeit eingenommen, von der gleichen Firma wie auch meine pränatale Nahrungsergänzung. Ich hatte nie irgendwelche Beschwerden.«

»Mir haben Entspannungsbäder geholfen. Der beste Grund, sich mal kurz auszuklinken und dem Partner das Babysitten zu überlassen.«

Frage 25: Ich stille – darf ich trotzdem ein Glas Alkohol trinken?

> *Mein Baby ist drei Monate alt und bekommt meist abgepumpte Milch. Nun bin ich zur Hochzeit meiner besten Freundin eingeladen – darf ich dann etwas Alkohol trinken? Also wenn, dann sowieso nur ein paar Schlückchen, zum Beispiel zum Anstoßen? Gibt es nicht so etwas wie eine Abpumpen-wegschütten-Regel? Oder sollte ich doch lieber komplett bei Saft bleiben?*

Wir empfehlen dir, grundsätzlich während der Stillzeit auf Alkohol zu verzichten. Besonders im ersten Lebensmonat deines Babys ist Alkohol überhaupt keine gute Idee. Kleine Babys können jederzeit spontan Durst oder Hunger bekommen. Bei einem älteren Kind kannst du die Trinkpausen besser abschätzen.

Faustregel: Es dauert zwei Stunden, bis der Alkohol aus einem Getränk mit zehn Gramm Alkoholgehalt (ein Glas Prosecco oder Wein) abgebaut ist. Es dauert also vier Stunden bei zwei Getränken, sechs bei drei Getränken etc.

Für das Verständnis ist Folgendes wichtig: Der Alkoholgehalt ist in deiner Muttermilch genauso hoch wie im Blut. Wenn er sich im Blut abbaut, baut er sich zeitgleich auch in der Muttermilch ab.

Wenn du direkt nach dem Stillen/Abpumpen ein Glas Wein trinkst, musst du also mindestens zwei Stunden warten, bis du wieder stillen kannst. Es nützt auch nichts, vor den zwei Stunden die Milch abzupumpen und wegzuschütten, da du ja immer noch Alkohol im Blut hast, der weiterhin an die Muttermilch abgegeben wird. Hochprozentiges wie Schnaps darfst du überhaupt nicht trinken. Auch nicht ein klitzekleines bisschen. Wenn du stillst und dein Baby keine Flasche nimmt, darfst du also maximal ein Glas Wein oder Prosecco genau zeitlich geplant trinken. Wenn dein Baby Muttermilch auch aus der Flasche nimmt, hast du etwas mehr Spielraum.

Dann kannst du einfach Milch auf Vorrat abpumpen. Starte damit einige Tage vor dem Event, damit du auch auf jeden Fall genug Milch beisammenhast.

Wenn du mehrere Stunden wegbleibst, musst du wahrscheinlich irgendwann vor Ort abpumpen, sonst »platzt« dir der Busen. Die alkoholhaltige Milch musst du natürlich wegschütten.

Ganz ehrlich: Du solltest dir vorher überlegen, ob es dir diese ganze Organisation und die Umstände wert sind. Außerdem gilt: Das Wohl deines Babys geht immer vor!

Über die Muttermilch zum Kind gelangter Alkohol kann zu Entwicklungsverzögerung und Gesundheitsschäden führen.

 Mama-Tipps:
»Ich habe voll gestillt und wusste gar nicht, wie viele

Milliliter mein Baby trinkt. Ich habe dann auf den Pre-Milch-Packungen in der Drogerie gesehen, welche Menge in welchem Alter gegeben wird, und entsprechend viel abgepumpt. Meine Hebamme meinte, dass sei sehr großzügig berechnet, so war ich auf der sicheren Seite.«

Frage 26: Ich möchte abstillen – wie fange ich am besten an?

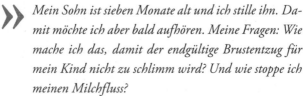

Mein Sohn ist sieben Monate alt und ich stille ihn. Damit möchte ich aber bald aufhören. Meine Fragen: Wie mache ich das, damit der endgültige Brustentzug für mein Kind nicht zu schlimm wird? Und wie stoppe ich meinen Milchfluss?

Das Abstillen ist ein unvermeidbarer Schritt in der Entwicklung.

Wenn du entscheidest, dass du abstillen willst, mach es sanft. Reduziere ganz langsam die Stillhäufigkeit, indem du eine Stillmahlzeit durch Brei oder Folgemilch ersetzt (und dann eventuell nur etwas »nachstillst«). Tausche zuerst die Stillmahlzeit, die dein Baby am wenigsten braucht, gegen die Alternative. Ein bis zwei Wochen später wird die nächste ersetzt etc. Die beiden letzten Stillmahlzeiten sind in der Regel die vorm Schlafengehen (Einschlafritual) und die am frühen Morgen. Hat dein Baby noch keine Flaschenerfahrung, solltest du folgendermaßen vorgehen: Stille dein Baby nicht, bis es satt ist, sondern gib am Ende die Flasche mit Pulvermilch. In den nächsten Tagen reichst du die Milchflasche immer ein bisschen eher, bis es sich schließlich komplett mit der Flasche satt trinkt. Ungefähr vier Tage später kannst du eine weitere Mahlzeit nach dieser Vorgehensweise ersetzen. Diese sanfte Abstillvariante sorgt dafür, dass dein Baby peu à peu von der Brust entwöhnt und der Milchfluss natürlich reduziert wird.

Zeitpunkt: Einen allgemeingültigen Zeitpunkt zum Abstillen gibt es nicht. Die Nationale Stillkommission (NSK) am Bundesinstitut für Risikobewertung (BfR) empfiehlt das Stillen für mindestens sechs Monate. Jede Mutter entscheidet das aber individuell. Viele Mamas stillen ab, wenn sie schon Beikost geben und sie nur noch wenig Milch haben – und merken, dass es dem Baby eigentlich mehr ums Nuckeln als ums Trinken geht. Die Umstellung fällt dann oft leichter.

Nicht immer hast du es selbst in der Hand: Manche Kinder stillen sich von allein ab. Sie beginnen damit oft zwischen dem neunten und zwölften Lebensmonat. Sie sind dann einfach nicht mehr beeindruckt von deinem Busen oder winden sich sogar davon weg. Manchmal zwingen eine Krankheit oder andere Umstände eine Mama, abrupt abzustillen. In solchen Fällen kannst du eine Abstilltablette verschrieben bekommen. Eine Nachkontrolle ist wichtig. Die restliche Milch musst du unbedingt ausstreichen, da du sonst einen Milchstau riskierst (s. Frage 22). Abpumpen ist keine gute Idee, da der Milchfluss dann wieder angeregt wird. Hebammen raten dazu, die Brust fest an den Körper zu binden, sie zu kühlen, Salbeitee zu trinken und etwas Geduld zu haben.

So machst du deinem Baby die Entwöhnung leichter:

- Vermeide, dass dein Baby in der Abgewöhnungsphase deinen Busen sieht (beim Duschen, Umziehen).

- Gestalte den Ort, an dem du stillst, weniger gemütlich. So kann das Stillen für dein Kind eher den Reiz verlieren.
- Babys sind während der Abstillzeit oft anhänglich und brauchen Ersatztröster. Gib ihm viele Kuscheleinheiten und vielleicht einen Schnuller.
- Ablenkung tut gut. Wenn dein Baby an deinen Busen will, biete ihm etwas zu trinken oder zu essen an.
- Lass Papa (nachts) die Flasche geben. So hat dein Baby die Brust nicht in Reichweite.
- Manche Hebammen empfehlen zum sanften Ausschleichen das Stillen nach Bedarf. Wenn dein Baby die Brust mal ganz dringend braucht, kann es noch daran trinken.
- Nur zum reinen Beruhigungsnuckeln solltest du deine Brust in der Abstillphase allerdings nicht mehr anbieten. Hebammen erklären, dass das eher kontraproduktiv ist, da der Milchfluss wieder angeregt wird.

Wichtig: Dein Baby muss spüren, dass »nur« der Busen als Nahrungsquelle wegfällt, nicht die damit verbundene Nähe zur Mama. Mach dir aber keine zu großen Sorgen! Viele Babys wenden sich schnell dem neuen Alltag zu, immerhin sind sie Gewohnheitstiere.

So kannst du deinen Milchfluss stoppen:

Während du die Stillmahlzeiten reduzierst, kannst du täglich drei Tassen Pfefferminz- oder Salbeitee trinken und deine Brüste kühlen. Neben den körperlichen Veränderungen, die das Abstillen mit sich bringt (Größe der Brüste, eventuell postpartaler Haarausfall [s. Frage 70]), ist manche Mama auch traurig, gar deprimiert, dass diese enge Babyzeit zu Ende geht. Das liegt am

Hormonabfall und normalisiert sich mit dem Hormonlevel wieder.

Mama-Tipps:

»Ich habe am Ende nur noch abends gestillt. Diese Mahlzeit habe ich dann durch eine Flasche ersetzt. Die ersten beiden Abende hat mein Mann die Flasche gegeben, damit meine Brust gar nicht in Reichweite war. Das ging ohne Probleme!«

»Als ich die Brust zum ersten Mal weggelassen habe, hat meine Tochter geschrien und getobt. Aber schon am nächsten Tag war alles gut! Die Nähe, die ihr sonst meine Brust gegeben hat, holt sie sich jetzt durch Extrakuscheln vor dem Schlafengehen.«

Frage 27: Ich habe ein schlechtes Gewissen, weil ich lieber die Flasche geben würde, als zu stillen. Was soll ich machen?

Ich bin völlig fertig, durch das Stillen kann ich nie länger als drei Stunden am Stück schlafen. Außerdem sind meine Brustwarzen blutig und zerbissen. Ich würde gerne abstillen und lieber die Flasche geben, kämpfe aber mit meinem schlechten Gewissen. Ich habe prinzipiell genug Milch und will sie meinem Kind nicht vorenthalten, weil es ja das Beste ist. Ich fühle mich so egoistisch. Andere Mütter würden wahrscheinlich für ihr Kind durchhalten. Aber ich kann und will einfach nicht mehr. Hilfe!

Du hast sicher das Gefühl, nicht zu stillen sei überhaupt keine Option bei all den Pro-Stillen-Argumenten. Wer sein Kind liebe, der stille es auch, so hört man es überall.

Dennoch: Eine glückliche Mama mit Flaschenkind ist immer besser als eine heulende Stillmama mit unglücklichem Kind. Unbestritten ist Muttermilch das Beste für dein Kind. Und es ist auch nicht gesagt, dass dein Baby besser schläft, weil es die Flasche bekommt – auch wenn das viele denken. Zum Glück kannst du frei entscheiden, ob du stillen willst oder nicht. Laut Studien[5] nehmen sich 90 Prozent aller Schwangeren vor, zu stillen. Zwei Monate später stillen nur noch rund 70 Prozent der Mamas und nach sechs Monaten weniger als die Hälfte.

Was auch immer deine Gründe sind – wenn deine Hebamme merkt, dass du dich mit der Entscheidung quälst, wird sie dich sicher fragen, was du ehrlich willst. Unabhängig davon, was du glaubst, tun zu müssen. Immer mehr Mütter klagen laut Hebammen über eine Art »Still-Burn-out« durch den permanenten Schlafmangel, die körperlichen Schmerzen, den Trubel durch Geschwisterkinder. Einer Mutter, die ganz offensichtlich nicht mehr kann, würden sie nie raten, unbedingt durchzuhalten. Manchmal hilft es, kleine Ziele festzustecken, etwa: Wir probieren es mit dem Stillen noch zwei Tage, und dann sprechen wir noch mal, ob wir das Fläschchen einführen. Wenn dein Entschluss aber feststeht, dann mach dir bewusst: Stillen ist kein Liebesbeweis, und Mutterliebe definiert sich nicht über Muttermilch! Du hast dein Kind ganz genauso lieb, wenn du die Flasche gibst. Es ist dein Leben, dein Kind, deine Brust.

Mama-Tipps:

»Ich war beim ersten Kind auch wochenlang kurz vor dem Aufgeben. Ich hatte solche Schmerzen. Jeder hat mir gesagt, es werde besser, ich solle dranbleiben. Ich habe fast eine Depression darüber entwickelt, dass ich es nicht hinbekomme. Ich habe dann abgepumpt, wegen meiner wunden Brustwarzen und um mein Baby an die Flasche zu gewöhnen. Und dann habe ich sie nach fast zwei Wochen Pumpen einfach noch mal angelegt – und es ging! Gib nicht zu schnell auf.«

»Ich wollte einfach nicht. Das sollte als Begründung ausreichen. Ich bin sehr selbstbewusst, und trotzdem hatte ich immer das Gefühl, ich müsse mich dafür rechtfertigen.«

»Jede Frau kann stillen, hat meine Hebamme immer gesagt. Ich konnte es nicht. Das hat sie dann auch eingesehen, aber irgendwie brauchte ich ihre Bestätigung, um aufzuhören. Heute habe ich ein kerngesundes Kind und frage mich, wieso ich mir so einen Stress gemacht habe. Wenn dein Bauchgefühl Ja sagt, probier es weiter. Sonst hör auf.«

Frage 28: Mein Kind will nicht mit der Flasche gefüttert werden. Was kann ich tun?

>> *Mein Sohn ist jetzt fünf Monate alt, und ich stille ihn voll. Ich würde allerdings gerne die Flasche einführen, damit der Papa auch mal eine Mahlzeit übernehmen*

kann – ich würde so gern einmal pro Woche zum Yoga gehen oder was für mich machen. Und ich muss auch in ein paar Monaten wieder arbeiten. Leider verweigert mein Sohn die Flasche komplett. Er dreht sich sofort weg, wenn ich sie ihm anbiete. Wie kann ich sie ihm schmackhaft machen?

Da ist dein Sohn keine Ausnahme. Die meisten Babys, die ausschließlich gestillt wurden, verweigern die Flasche (zunächst). Immerhin erfordert das Trinken aus der Flasche eine ganz andere Saugtechnik als das Trinken an der Brust. Noch dazu wird Babys geliebte Routine gestört.

Mit etwas Ausdauer und diesen Tricks kann es aber klappen:

- Warte ab, bis dein Baby Hunger bekommt – aber noch nicht zu hungrig ist. Probiere, deinem Kind im Halbschlaf die Flasche zu geben. Da greift eher der Saugreflex.
- Am besten gibt dein Partner die Flasche, wenn du nicht dabei bist. Dann riecht dein Baby nicht die Brustmilch.
- Verweigert dein Kind mehrfach die Flasche, solltest du einen anderen Sauger ausprobieren. Verwende am besten einen Sauger, der der Brustwarze nachempfunden ist. Falls dein Kind einen Schnuller nimmt, ist eine ähnliche Flaschensaugerform ideal.
- Ein Trick ist auch, den Sauger vor dem Trinken kurz in warmem Wasser zu erwärmen. Schließlich hat deine Brust ja auch Körpertemperatur.
- Du kannst auch etwas Muttermilch auf den Sauger tröpfeln. So weiß dein Baby, was es zu erwarten hat.

- Stupse den Sauger leicht an Babys Lippe – wie mit deiner Brustwarze. Je mehr Parallelen du zum Brustfüttern schaffst, desto wahrscheinlicher ist der Erfolg.
- Teste auch mal unterschiedliche Haltungen beim Füttern.
- Wenn dein Kind konsequent die Flasche ablehnt, mach ein paar Tage Pause. Lass dein Baby auch mal mit der Flasche spielen, und mach ihm vor, wie man daraus trinkt.

Hebammen räumen allerdings ein, dass es unwahrscheinlich ist, dass Kinder, die drei Monate und länger ausschließlich gestillt wurden, noch mal die Flasche nehmen. Der Trinklernbecher oder die Tasse sind dann eine Option.

Mama-Tipps:

»Wir haben so ziemlich jeden Sauger ausprobiert. Am Ende sind wir bei denen gelandet, die der Brust nachempfunden sind. Die sind zwar etwas teurer, aber funktionieren.«

»Das braucht manchmal etwas Geduld. Immer wieder bei der gleichen Mahlzeit anbieten. Wir haben es zwei bis drei Wochen täglich angeboten, und siehe da, plötzlich ging es.«

»Ich habe mit Stillhütchen angefangen, damit er ein Gefühl für den Sauger bekommt, aber trotzdem die Nähe zu mir hat. Er hat dann ganz schnell die Flasche genommen.«

Frage 29: Wie kann ich am schnellsten, zum Beispiel nachts, eine Flasche mixen?

> *Meine Tochter ist zwei Wochen alt, und ich gebe ihr Pre-Milch. Tagsüber komme ich mit der Fläschchenzubereitung gut zurecht. Ich kenne ja die Hungeranzeichen, und auch die Trinkzeiten sind schon recht fest. Aber für das Nachtfläschchen und für unterwegs habe ich den Dreh noch nicht ganz raus. Wie macht man das? Es dauert ja immer ewig, bis die Flasche kalt ist.*

Da kann man schon leicht panisch werden, wenn man weiß, man hat nur wenige Minuten, bis das Baby richtig wach ist und aus vollem Halse weint, weil es Hunger hat. Wie mixt man jetzt so fix wie möglich die ersehnte Milchflasche zusammen?

Grundsätzlich musst du Milchpulver immer frisch zubereiten. Bereite dir auf einem Tablett neben deinem Bett alles vor:

- zwei Thermoskannen in unterschiedlichen Farben, die du immer gleich befüllst, eine mit aufgekochtem, heißem Leitungswasser und eine mit abgekochtem, abgekühltem Wasser (alternativ: gekauftes Wasser mit dem Zusatz »Zur Zubereitung von Säuglingsnahrung geeignet«)
- Trinkflasche fürs Baby
- Milchpulverportionierer (inkl. benötigter Milchpulverdosis)
- Spucktuch zum Füttern oder wenn beim Mischen was danebengeht
- Nachtlicht

Mach eine Trockenübung am Tag: Fülle heißes Wasser in die Flasche, und schau, bei wie viel Millilitern der Wasserrand steht. Schütte den Rest mit kaltem Wasser auf. Ein paar Tropfen auf das Handgelenk geben. Schön warm? Super. Dann merk dir die Milliliter, oder male mit wasserfestem Stift einen kleinen Strich auf die richtige Höhe. Zu heiß? Mach noch einmal einen Versuch mit weniger heißem Wasser.

Übrigens: Wenn dein Kind noch ganz klein ist, nicht zum Temperaturtesten den Finger reinhalten oder selbst vom Sauger trinken. So können Keime oder Kariesbakterien in die Milch gelangen. In deine benötigte Wassermenge gibst du das vordosierte Milchpulver. Dann schüttelst du die Flasche so lange, bis sich das Pulver aufgelöst hat – fertig.

Je nachdem, wann dein Baby trinkt, kann das heiße Wasser schon etwas abgekühlt sein. Stell dir noch ein leeres Glas daneben, damit du etwas Flaschenwasser abschütten und mit heißem Wasser nachfüllen kannst, bis du genug Routine hast.

Achtung: Fläschchennahrung nicht in der Mikrowelle erhitzen. Der Inhalt erwärmt sich ungleichmäßig, so dass sich dein Baby den Mund verbrennen könnte!

 Mama-Tipps:
»Es gibt Geräte, in die füllst du das kochende Wasser oben

ein, und unten spucken sie nach etwa eineinhalb Minuten das Wasser in idealer Trinktemperatur aus. Ich habe nur damit gearbeitet.«

Frage 30: Wie lange dürfen Kinder zum Einschlafen noch die Flasche bekommen?

> *Ich bin langsam am Verzweifeln. Meine Kleine ist ein Jahr alt und trinkt noch immer ein Abendfläschchen. Das Gute: Sie trinkt sie seelenruhig und schläft sofort danach ein. Das Schlechte: Da sie einschläft, putzen wir keine Zähne mehr. Damit würde ich sie wieder richtig aufwecken. Wir haben das probiert, aber sie ist danach nicht mehr ins Bett zu bekommen. Ohne Flasche schläft mein Kind niemals ein. Wann und wie habt ihr denn euren Kindern die Flasche abgewöhnt?*

Für viele Babys gehört das Abendfläschchen zum Einschlafritual. Problematisch wird das tatsächlich, wenn die ersten Zähne da sind – die nach dem Gute-Nacht-Fläschchen nicht mehr geputzt werden. Milch enthält Milchzucker; kombiniert mit Bakterien greift er den Zahnschmelz an. In den ersten zwei Lebensjahren sind die Zähne ohnehin am empfindlichsten. Noch kritischer ist es, wenn dein Baby die Flasche nicht zügig austrinkt, sondern damit einschläft. Oder die Flasche im Bett bleibt und das Kind nachts immer mal wieder danach greift. Im Schlaf geht die Speichelproduktion zurück. So wird das Getränk nicht mehr verdünnt, der Schluckreflex wird nicht ausgelöst. Der letzte Schluck verbleibt im Mund deines Babys und umspült stundenlang die Zähnchen. Kinderzahnärzte warnen, dass durch diese nächtliche Milchgabe »Fläschchenkaries« entstehen kann. Das ist das umgangssprachliche Wort für ECC (*Early Childhood Caries*), also Karies im frühen Kindesalter. Meist werden dabei die oberen Schneidezähne und Backenzähne von Karies befallen.

Gewöhne deinem Kind die Flasche langsam ab. Eine gute Methode ist, die Milchmenge pro Abend immer um zehn Milliliter zu reduzieren – so lange, bis sie bei null ist. Oder du reduzierst langsam die Menge des Milchpulvers, bis du nur noch Wasser gibst. Diese Variante aber besser erst nach dem ersten Lebensjahr anwenden. Wann Kinder lernen, nachts ohne zu essen durchzuhalten, ist ganz unterschiedlich. Hebammen nennen neun bis zehn Monate als gängigen Startzeitpunkt. Bei Stillbabys kann es länger dauern, da eine Portion den Hunger für eine ganze Nacht oft nicht decken kann.

Mama-Tipps:

»Wir putzen auf jeden Fall vorher die Zähne, und das wirklich gründlich. Meine Zahnärztin meinte, solange das Kind die Flasche schnell austrinkt und nicht nachts immer wieder daran nuckelt... Es sei nicht ideal, aber auch kein Grund zur Panik. Wir fangen jetzt an, die Milch immer dünner zu machen.«

»Ich komme mit der Zahnbürste noch mal ans Bettchen und putze da.«

Frage 31: Ab wann kann ich meinem Kind Kuhmilch geben und auf Milchpulver verzichten?

> *Mein Sohn bekommt Pulvermilch, er ist elf Monate alt. Ist es besser, wenn ich ihm stattdessen Kuhmilch gebe, oder sollte ich bei der Pulvermilch bleiben?*

Viele Mamas haben das Gefühl, es wäre sinnvoll, die »künstliche« Folgemilch durch »natürliche« Kuhmilch zu ersetzen. In vielen Köpfen ist Kuhmilch nämlich ein gesundes Naturprodukt. Das gilt allerdings nicht für unsere Babys: Laut Kinderärzten ist das Verhältnis von Eiweiß, Fett und Zucker ganz anders als in Muttermilch und nicht passend für Babys: Der Protein- und Mineralstoffgehalt ist für ein Baby zu hoch, der Gehalt an mehrfach ungesättigten Fettsäuren, Eisen und Jod zu gering. Kuhmilch ist außerdem einer der häufigsten Auslöser für Nahrungsmittelallergien. Kinderärzte empfehlen, bei Pre-Milch, die der Muttermilch am ähnlichsten ist, zu bleiben, bis der Übergang zur normalen Familienmahlzeit erfolgt, und in den ersten zwölf Lebensmonaten nur sehr wenige Kuhmilchprodukte zu geben. Im ersten halben Jahr soll sie gar nicht in purer Form gefüttert werden. Den Abendbrei mit ein- bis zweihundert Millilitern erhitzter Milch anzurühren sei aber in Ordnung.

Ab zwölf Monaten dürfen Kinder dann auch täglich zweihundert Milliliter pure Kuhmilch trinken; allerdings nicht als Durstlöscher, dafür hat sie zu viele Kalorien.

Mama-Tipps:

»Ich gebe meinem Kind seit seinem ersten Geburtstag Kuhmilch in der Abendflasche. Etwa ein Drittel Milch, den Rest fülle ich mit abgekochtem Wasser auf. Sie braucht es nicht für das Gewicht, deshalb verdünne ich die Milch.«

»Mit neunzehn Monaten trinkt mein Sohn noch Pre-Milch. Er verweigert normale Kuhmilch total. Egal, ob 1,5 Prozent oder 3,5 Prozent. Aber ich rühre ihm morgens sein Müsli mit 3,5-Prozent-Joghurt an.«

Frage 32: Ab wann bekommt mein Kind auch Wasser zu trinken, nicht mehr nur Milch?

> *Darf mein drei Monate alter Sohn eigentlich ab und zu auch mal ein bisschen Wasser oder Tee trinken? Ich habe neulich gelesen, dass man das gar nicht machen soll – stimmt das? Ich weiß, dass Babys keine zusätzliche Flüssigkeit brauchen, solange sie noch keinen Brei bekommen, aber gerade im Sommer würde ich ihm gerne mal etwas Wasser geben.*

Lauwarme Mutter- bzw. Pre-Milch kann doch unmöglich den Durst bei sehr warmem Wetter stillen – glaubt man. Tut sie aber doch! Muttermilch besteht zu 87 Prozent aus Wasser und ist ein super Durstlöscher – auch bei 32 Grad im Schatten. Noch dazu wird die Zusammensetzung der Muttermilch von deinem Körper individuell an die Bedürfnisse deines Babys angepasst. Im Sommer trinkt dein Baby eher öfter und kurz – daraufhin versteht dein Körper: Dein Baby hat eher Durst als Hunger, und er produziert wasserhaltige Milch mit einem geringeren Fettanteil. Auch Flaschenbabys benötigen kein zusätzliches Wasser. Für alle Babys gilt: Sie dürfen in den ersten Lebensmonaten keine anderen Flüssigkeiten zu sich nehmen. Ausgenommen sind die Phasen, in denen dein Baby etwa Fieber, Erbrechen und Durchfall und einen erhöhten Flüssigkeitsbedarf hat – aber auch dann nur nach Rücksprache mit deiner Kinderärztin!

Aber wie kann Trinkwasser gefährlich sein?

Bekommt dein Baby mehr Wasser zugeführt als durch die reine Milchgabe vorgesehen, kann es an einer Wasserintoxikation (auch Wasservergiftung oder Hyperhydration) erkranken.

Kinderärzte erklären das so: Eine Extrazugabe von Wasser stört den empfindlichen Natriumhaushalt deines Kindes. Gibst du ihm zu viel Wasser, ist der Natriumwert im Blut zu gering. Die noch nicht voll entwickelten Nieren deines Babys können das überschüssige Wasser nicht einfach ausscheiden, was dazu führt, dass Wasser in die Zellen des Körpers übertritt. Das ist besonders fatal, wenn auch die Gehirnzellen Wasser aufnehmen. Dadurch kann das Gehirn anschwellen (Hirnödem), was im schlimmsten Fall zum Tod führen kann. Symptome dafür sind Kopfschmerzen, Übelkeit, Zittern sowie zum Teil auch epileptische Anfälle. Dein Kind kann benommen wirken, oder sein Gesicht kann anschwellen. In Deutschland kommt eine Wasserintoxikation bei Säuglingen zum Glück nur äußerst selten vor. Häufiger passiert das im Ausland, wo Milchpulver extrem teuer ist und manche Mamas versuchen, die Milch mit mehr Wasser »zu strecken«.

Ab wann darf mein Baby Wasser, Tee und Co. trinken?

Erst wenn du den dritten Beikostbrei eingeführt hast, also etwa mit Beginn des siebten Monats. Am besten geeignet ist Trinkwasser, alternativ ungesüßte Kräutertees speziell für Babys. Schau bei gekauftem Wasser nach dem Zusatz »Geeignet für die Zubereitung von Säuglingsnahrung« auf dem Etikett. Die Grenzwerte für Babywasser sind nämlich deutlich niedriger, z. B. für die Schadstoffe Uran, Nitrat und Nitrit.

Mama-Tipps:

»Ich habe bei der Fläschchenzubereitung eine kleine Menge Wasser durch Fencheltee ersetzt, als sich mein Baby wegen seiner Koliken so gequält hat. Aber nur nach Rücksprache mit der Kinderärztin.«

»Meine Kinderärztin sagte mir, dass man Babys unter einem Jahr auf längere Zeit nicht mehr als einen Liter Flüssigkeit am Tag geben soll. Wenn ich all unsere Milchflaschen zusammenzähle, kommt unser Baby fast auf diese Menge. Somit ist gar kein ›Platz‹ mehr für reines Wasser oder Tee.«

Frage 33: Wann und wie fange ich mit der Beikost an?

> *Ab wann habt ihr euren Babys den ersten Brei gegeben? Mein Sohn ist jetzt fünf Monate alt. Seit zwei Wochen beobachtet er mich allerdings mit großen Augen, wenn*

ich esse, und streckt seine Hände danach aus. Ich überlege, ob ich jetzt schon mit der Beikost anfangen soll.

Dein Baby liegt gut in der Zeit: Hebammen geben ab Beginn des fünften Monats grünes Licht für die Beikosteinführung. Wann dein Kind bereit ist, die erste Milchmahlzeit gegen Brei einzutauschen, entscheidet es allerdings meist selbst.

Das sind die Reifezeichen:
- Dein Baby kann seinen Kopf halten und mit nur wenig Unterstützung aufrecht sitzen.
- Der Zungenstoßreflex greift nicht mehr (dein Baby schiebt Gegenstände nicht mehr automatisch aus dem Mund, um sich vor dem Ersticken zu schützen). Gib deinem Kleinen am besten ein bisschen Brei auf dem kleinen Finger zum Testen. Kostet es den Brei, oder schiebt es den Finger mit der Zunge aus dem Mund?
- Dein Baby folgt deinem Essen vom Teller bis zu deinem Mund mit den Augen, beobachtet genau und greift nach deinem Besteck. Außerdem interessiert es sich für festes Essen, nimmt auch gern Essbares in den Mund.
- Dein Baby kann sich vom Rücken auf den Bauch drehen (diese Fähigkeit steht in direkter Verbindung zur Mund-Zungen-Schluckmotorik).

Lass dich aber nicht stressen, wenn dein Kind etwas mehr Zeit braucht. Das Bundesinstitut für Risikobewertung (BfR) rät – in Anlehnung an die Weltgesundheitsorganisation (WHO) –, dein Kind nach Möglichkeit sechs Monate voll zu stillen. Der Beikostbeginn sollte nicht vor Anfang des fünften Monats, aber spätestens mit dem siebten Monat erfolgen. Ganz wichtig: Erwarte nicht zu viel von deinem Baby. Die ersten Male wird dein Baby nur ein bis zwei Löffel probieren. Danach stillst du noch oder fütterst Pre-Milch. Ideal ist, wenn du zwischen Breifüttern und der Milch eine Pause von etwa zwanzig Minuten einlegen kannst. So wird dein Baby satt, erkennt aber den Mittagsbrei auch als alleinstehende Mahlzeit an. Die Krankenkasse zahlt Beikosttermine bei der Hebamme oder deiner Kinderärztin, die du wahrnehmen solltest. Und dann probiere es einfach aus. Falls du noch stillst, fange zu einer Tageszeit mit der Beikost an, zu der deine Milchproduktion am schwächsten ist.

Beikostplan:

Die meisten Mütter starten mit dem Mittagsbrei. Sie pürieren dafür eine einzelne gekochte Gemüsesorte (meist Karotte, s. Frage 35) oder geben ein entsprechendes Gläschen – oder vielmehr nur ein bis zwei Löffel davon, denn meist essen die Kinder bei den ersten Versuchen nicht mehr. Die gleiche Gemüsesorte gibst du eine Woche lang jeden Tag. In Woche zwei kommt zum Gemüse ein Stärkelieferant (wie Karotte-Kartoffel) dazu, in Woche drei Gemüse-Fleischbrei (wie Karotte-Kartoffel-Rindfleisch).

Etwa einen Monat nach dem Gemüsebrei starten die meisten Mamas mit einem warmen Abendbrei aus Milch und Getreide.

Weitere vier Wochen später kannst du eine Zwischenmahlzeit einführen: einen Obst-Getreidebrei am Nachmittag, alternativ auch zwei kleine Zwischenmahlzeiten: am Vormittag und am Nachmittag. Nach ein bis zwei Monaten folgt das Frühstück (Getreidebrei, Brot mit Aufstrich etc.). Im Schnitt dauert es laut Hebammen acht bis zwölf Monate, bis dein Kind wirklich komplett auf feste Nahrung umgestiegen ist.

Variiere die Zutaten lieber weniger. So kannst du Unverträglichkeiten schneller erkennen. Aus ernährungswissenschaftlicher Sicht reicht es, wenn Kinder zum ersten Geburtstag zwei bis drei Obst- und Gemüsesorten kennen. Übrigens: Viele Experten sind jahrelang davon ausgegangen, eine zu frühe Beikosteinführung könne Allergien auslösen. Immer mehr Forschungsergebnisse[6] widersprechen mittlerweile dieser Annahme und sehen hinsichtlich einer Allergieprävention keinen Grund für eine Verzögerung der Beikosteinführung.

Mama-Tipps:

»Mein Kind hatte einige Unverträglichkeiten. Ich habe dann jedes Nahrungsmittel einige Tage einzeln gegeben, bevor ich sie zusammengemischt habe, um besser sehen zu können, was es verträgt und was nicht.«

Frage 34: Ich möchte den Brei für mein Baby selbst kochen. Was brauche ich?

> *Ich habe gerade erst mit dem Breifüttern angefangen. Bisher habe ich nur Gläschen gegeben, ich möchte jetzt aber auch mal selbst kochen. Was benötige ich?*

Probiere das Selbstkochen auf jeden Fall aus. Es ist kein Hexenwerk, die meisten Mamas haben alles im Haushalt, was man dafür benötigt:
- Gemüseschäler bzw. scharfes Küchenmesser

- Küchenwaage, um die richtige Breimenge abzufüllen
- Kochtopf mit Deckel
- ggf. Dampfgareinsatz für den Topf
- Pürierstab/(Kartoffel-)Stampfer
- Eiswürfelform (darin kannst du pürierte Fleischportionen einfrieren)

Am besten dämpfst du das Gemüse schonend. Dafür brauchst du einen Dampfgareinsatz. So gehen weniger Vitamine verloren, da das Gemüse nicht mit dem Wasser in Berührung kommt. Du kannst Gemüse oder Obst aber auch in etwas Wasser dünsten. Die Garflüssigkeit kannst du dann mitpürieren.

Gut zu wissen:
- Nicht länger kochen als nötig, am besten mit Deckel – Vitamine sind lichtempfindlich.
- Babykost solltest du weder länger warm halten noch erneut erwärmen wegen erhöhter Keimgefahr (Ausnahme: einfrieren nach dem Kochen – und dann wieder auftauen).
- Das Essen nicht salzen (das ganze erste Lebensjahr nicht), das kann die Nieren schädigen. Für ein Baby ist der pure Geschmack aufregend genug. Ab dem achten Monat kannst du mit Kräutern würzen.

Ein Beispiel für den Klassiker: Möhrenbrei
Zutaten für ein bis zwei Portionen:

90 – 100 g Karotten, 1 EL Saft (z. B. Orangensaft), 1 TL Öl (z. B. Rapsöl, verbessert die Vitaminaufnahme)

Karotten schälen und in grobe Stücke schneiden.

Die Stücke in wenig kochendes Wasser (Topfboden ist gut

bedeckt) geben und auf kleinster Stufe etwa acht Minuten gar dünsten oder in einen Dampfgareinsatz geben.

Mit Saft (verbessert die Eisenaufnahme) und eventuell etwas Kochflüssigkeit pürieren.

Am Schluss das Öl unterrühren. Fertig!

Mama-Tipps:

»Ich finde, es lohnt sich, ein Kochbuch mit Breirezepten zu kaufen. Ich fand es nervig, die Zubereitung vom Handy abzulesen. Außerdem wollte mein Baby dann ständig nach dem Telefon greifen.«

»Brei selbst zu kochen klingt kompliziert. Aber nach kurzer Zeit geht es ganz automatisch, und man kann mit einem Durchgang so viel vorkochen. Einen Stabmixer hatte ich schon zu Hause. Ich habe mir nur eine Gareinlage für den Kochtopf gekauft. Mittlerweile garen auch wir Erwachsenen unser Gemüse fast nur noch. Es schmeckt so viel intensiver als gekocht.«

»Meine beste Investition war ein Dampfgarer mit Mixer. Der war nicht billig, hat mir aber viel Arbeit abgenommen.«

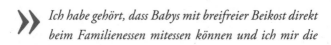

Frage 35: Was ist »breifreie Beikost«?

> *Ich habe gehört, dass Babys mit breifreier Beikost direkt beim Familienessen mitessen können und ich mir die*

ganzen Breigläschen sparen kann. Stimmt das? Und wie sieht das in der Praxis aus?

Breifreie Beikost wird auch *Baby-Led Weaning* (BLW) genannt. Dieser Trend wird auch in Deutschland immer beliebter. Der Name bedeutet so viel wie »vom Baby geführtes Abstillen«. Dabei isst das Kind von Anfang an selbst, statt mit Brei gefüttert zu werden.

Allerdings betonen Hebammen, dass es bei dieser Ernährungsmethode am Anfang eher darum geht, dass dein Baby sein Essen erkundet, statt davon satt zu werden – Hauptnahrungsmittel bleibt im ersten Lebensjahr Muttermilch oder Pulvermilch. Es geht um das spielerische Lernen: So erkundet das Baby, wie viele verschiedene Lebensmittel ganz unterschiedliche Formen, Konsistenzen und Geschmäcke haben. BLW hat auch eine soziale Komponente: Die Familie isst zusammen, und das Baby sitzt dabei und füttert sich selbst mit seinen eigenen Händchen. Das ist gut für die Selbstständigkeit. Auch die Hand-Augen-Koordination und natürlich das Kauvermögen deines Babys werden trainiert. Wichtig: Lass dein Baby nach dem Essen greifen, statt es ihm in die Hand zu geben oder gar in den Mund zu schieben.

Fang am besten mit Nahrungsmitteln an, die leicht zu greifen sind:
- Gemüse wie ein Stück Avocado, weich gegarte Pastinaken- oder Karottensticks, Blumenkohlröschen oder Zucchinistreifen (alles etwa in Pommesgröße). Am besten ist das Gemüse so weich, dass es zerfällt, wenn Baby es mit der Zunge an den Gaumen drückt.

- Gegartes Obst oder weiche Obstsorten wie Melone (ohne Kerne), Mango oder Birne, Banane in Streifenform geschnitten.
- Gekochter Fisch ohne Gräten und gekochtes Rindfleisch. Während Fisch ohne Zähne gegessen werden kann, lutscht ein Baby an einem Fleischstück nur herum, nimmt also keine Nährstoffe daraus auf.
- Durchgegarte Eier.
- Kohlenhydratquellen wie Nudeln, Kartoffeln, ungesalzene, weiche Brotstangen.

Was du dabei noch beachten solltest:
- Du darfst dein Kind nie mit Essen allein lassen, es könnte sich verschlucken.
- BLW ist am Anfang ein großes »Gematsche« – am besten, du legst eine abwaschbare Matte unter den Hochstuhl.
- Im ersten Lebensjahr sind einige Lebensmittel aus gesundheitlichen Gründen für dein Baby tabu: Honig, da er durch Botulinumbakterien zu einer Vergiftung führen kann, sowie unzerdrückte Erbsen, Nüsse, Weintrauben, Kirschen etc. (Verschluckungsgefahr).

Einige Mütter haben Angst, dass sich die Kinder schneller verschlucken können, da sie durch die reine Milchernährung zum Zeitpunkt der BLW-Einführung überhaupt keine Stückchen im Essen gewohnt sind – auch Kinderärzte geben das zu bedenken. Sie schließen sich dem offiziellen Rat der Weltgesundheitsorganisation an: Als ideal gilt ein Mix aus verschiedenen Konsistenzen, weiche Nahrung und Fingerfood.

Ob du die Brei-Beikosteinführung durchziehst oder dem

Breifreitrend folgst, solltest du »zusammen« mit deinem Baby entscheiden. Mach es von seinen Essensinteressen und -fähigkeiten abhängig. Oft tendieren Mamas automatisch dazu, das zweite Kind breifrei zu erziehen, da das Baby immer schon essen will, was das ältere Geschwisterchen verzehrt.

Mama-Tipps:

»Ich kannte niemanden, der breifrei erzogen hat, konnte also niemanden fragen. Ich habe mir ein spezielles Kochbuch gekauft, das erklärt, welche Lebensmittel wie zubereitet wann geeignet sind. Damit hat es super geklappt.«

»Wir hatten immer Probleme mit dem Brei, mein Kind war einfach kein guter Esser, dachte ich. Es wurde erst besser, als er das Gleiche essen konnte wie wir. Es kommt einfach aufs Kind an, aber beim zweiten weiß ich das eher und probiere es gleich mit BLW, wenn es keinen Brei mag.«

Frage 36: Mein Kind mag nur süßen Brei. Was kann ich tun?

> *Mein Sohn ist fünf Monate alt. Nach Rücksprache mit der Kinderärztin darf ich ihm Brei geben. Das Problem ist allerdings: Gemüsebrei schmeckt ihm gar nicht! Apfel-Banane und andere süße Mischungen schlingt er dagegen hinunter. Was kann ich tun, um ihm Gemüse schmackhaft zu machen?*

Viele Babys verweigern den Gemüsebrei und stürzen sich nur auf den süßen Obst-Getreidebrei oder Milchbrei. Und trotzdem, Gemüse hat seinen gesunden Ruf nicht von ungefähr. Es enthält pro Kalorie so viele Nährstoffe wie kein anderes Lebensmittel. Durch die enthaltenen Ballaststoffe sättigt es außerdem ordentlich, ohne dick zu machen. Bei vielen Kindern ist die Gemüsemuffelzeit nur eine kurze Phase. Und der Körper ist zum Glück recht flexibel und kann sich die nötigen Vitamine und Mineralstoffe auch aus anderen Lebensmitteln ziehen.

Hebammen-Tipps für Gemüsemuffel:
- Sei ein Vorbild: Was die Eltern vorleben, ist für Kinder »normal«. Sie sind daher eher bereit, ein neues Nahrungsmittel zu probieren, wenn die Eltern es zuvor auch gegessen haben.
- Gib nicht zu schnell auf: Biete deinem Baby den Mittagsbrei immer wieder an. Kinder sind neuen Speisen gegenüber nicht so aufgeschlossen wie Erwachsene. Manche akzeptieren einen neuen Geschmack erst nach vielen Wiederholungen.
- Mach dir den Hunger zum Gehilfen: Biete deinem Kind Gemüsebrei oder eine kleine Auswahl an, und zwar zu einem Zeitpunkt, zu dem es sicher Hunger hat. Verweigert es das Angebot oder isst nur wenig, gibt es danach aber keinen süßen Brei als Alternative.
- Obst ist mein Gemüse: Wenn es mit Zucchini und Co. nicht klappen will, mische einen Löffel Gemüse in den Obstbrei. Dann steigerst du ganz langsam die Menge um einen Löffel Gemüse täglich, bis dein Baby im Idealfall einen puren Gemüsebrei löffelt. Alternativ kannst du auch immer etwas Obstmus auf den Löffel mit Gemüsebrei tupfen.

Durchhaltevermögen ist gefragt – aber ohne etwas zu erzwingen. Sei nicht enttäuscht oder sauer, wenn dein Kleines deine Kochkünste verschmäht. Es gibt eben auch Kinder, die den Mittagsbrei überspringen und direkt zum Familienessen übergehen (s. Frage 35).

Mama-Tipps:
»Wir haben mit Pastinake angefangen. Die schmeckt leicht süßlich.«

»Wir haben alle Sorten und Marken bei den Gläschen ausprobiert. Kein Erfolg. Dann habe ich selbst Brei gekocht. Reaktion genauso. Ab und an hat mal was geklappt, drei Tage später mochte sie es plötzlich nicht mehr. Eigentlich war ihr Hauptnahrungsmittel ein Mix aus Mutter- und Pre-Milch, bis sie ein Jahr alt war. Dann hat sie plötzlich am Tisch mitgegessen, und zwar genau das Gemüse, das ich ihr sonst püriert habe. Rückblickend glaube ich, sie mochte einfach die breiige Konsistenz nicht.«

»Mal wieder kann ich aus der Erfahrung sagen: Alles nur eine Phase. Mein Kind hat am Anfang auch nur Obst gegessen. Was ich mich gestresst habe, dass er doch ausgewogen essen müsse, es fehlen doch Vitamine. Völlig umsonst. Mittlerweile isst er am liebsten herzhaft. Gebt euch Zeit!«

Frage 37: Mein Kind möchte plötzlich keinen Brei mehr essen – was kann ich tun?

> *Seit einem Monat füttere ich meine sieben Monate alte Tochter mittags mit Gemüsebrei. Das hat anfangs auch sehr gut geklappt. Aber seit drei Tagen verweigert sie den Löffel konsequent. Ich habe keine Ahnung, woran das liegt, dass sie plötzlich keinen Brei mehr will. Ich habe schon das Gemüse variiert. Hat nichts gebracht. Was kann ich noch tun?*

Da freust du dich, dass die Beikosteinführung – die ja erst mal wie eine Wissenschaft daherkommt – einigermaßen reibungslos gelaufen ist. Und dann verweigert dein Baby von einem auf den anderen Tag plötzlich den Brei.

Manchmal ist der Grund ganz einfach: Beim Breiessen ist etwas Unangenehmes passiert. Das Baby hat sich verschluckt, oder der Brei war zu heiß. Dann hilft es, die Fütteratmosphäre zu ändern. Stell den Hochstuhl an einen anderen Platz und benutze einen anderen Teller oder Löffel. In der neuen unbelasteten Situation verknüpft dein Baby das Breifüttern nicht mehr unbedingt mit der schlechten Erfahrung.

Manche Kinder haben auch schon nach kurzer Zeit genug von der pürierten Masse. Oder sie werden nicht gerne gefüttert, sondern wollen selbst Menge und Esstempo bestimmen. Probier doch mal, dein Baby eigenständig löffeln zu lassen. Und biete auch mal Fingerfood (s. Frage 35) an, wie weiches Brot ohne Kruste, ein Stück Banane, ein gekochtes Röschen Brokkoli, gekochte Nudeln etc.

Es kann auch ein Entwicklungsschub dahinterstecken. In seinem Körper geht viel vor, alles ist neu – da möchte dein Baby zur altbekannten Flasche oder Brust zurück. Hebammen raten, dann nicht mit der Beikost aufzuhören, sondern die Mahlzeiten zu variieren. Manchmal sind auch einfach die Zähne schuld: Wenn sich ein neues Zähnchen nach draußen schiebt, kann warmer Brei das unangenehme Gefühl im Mund verstärken. Gib den Brei etwas kühler oder füttere Obstbrei. Auch ein gekühlter Beißring vor der Mahlzeit kann helfen. Manche Babys mögen dann auch Obststücke aus dem Kühlschrank, gefrorene Muttermilch oder einfach ein hartes Stück Brot (ohne Körner oder Nüsse). Und manche Babys sind einfach noch nicht bereit für Beikost. Wenn dein Kind eher schlecht isst, nach wenigen Löffeln den Kopf wegdreht und den Mund zusammenkneift, zwinge es nicht. Bohre niemals den Löffel zwischen die Lippen. Frag deine Hebamme um Rat, sie kann einschätzen, ob du noch einmal einen Monat pausieren und dann von vorn anfangen solltest.

Mama-Tipps:

»Ich hatte das Problem auch. Daraufhin habe ich meiner Tochter zwei Wochen lang wieder die Flasche gegeben. Dann haben wir es wieder mit dem Brei probiert – und siehe da: Sie hat ihn ohne Meckern gegessen!«

»Bei uns war das Timing der Knackpunkt. Der Rhythmus der Kleinen ändert sich ja ständig, und ich habe immer um 11.30 Uhr den Mittagsbrei gegeben. Bin dann mal auf 12 Uhr gegangen, da hat mein Sohn ihn plötzlich wieder gerne gegessen.«

Frage 38: Ich habe Angst, dass sich mein Kind verschluckt. Was mache ich im Ernstfall?

> *Meine Tochter ist jetzt knapp neun Monate alt und isst schon seit über zwei Monaten fleißig Brei und erste Fingerfoodhappen. Vor zwei Wochen hat sie sich furchtbar an einem kleinen Möhrenstück im selbst gekochten Brei verschluckt. Ich hatte den Gemüse-Fleisch-Brei extra etwas stückiger gekocht, damit sie sich an diese Konsistenz gewöhnt. Seitdem habe ich richtig Angst und püriere den Brei wieder ganz fein – und habe Panik, ihr Gemüseschnitze zu geben. Als sie sich verschluckt hat, musste ich ihr zum Glück nur im Sitzen auf den Rücken klopfen. Daraufhin hat sich das Karottenstück direkt gelöst. Aber was mache ich, wenn das mal nicht reicht?*

Jede Mama sollte sich darüber zumindest einmal Gedanken machen und wissen, was im Ernstfall zu tun ist.

SOS – Was tun bei Verschlucken?

Im besten Fall hustet dein Kind – und das verschluckte Essensstück landet wieder auf dem Tisch. Manchmal musst du leicht nachhelfen und auf Babys Rücken klopfen.

Wenn dein Baby trotz dieser Hilfestellung nicht mehr schreien, atmen oder husten kann, musst du es bäuchlings auf deinen Oberschenkel legen. Der Kopf befindet sich dabei etwas tiefer als der Körper. Mit deiner linken Hand hältst und stabilisierst du dein Kind, bei ganz kleinen Kindern vor allem den Kopf. Achtung: Der Hals darf nicht eingedrückt werden! Mit dem Handballen der rechten Hand klopfst du fünfmal kräftig zwischen die Schulterblätter.

Im Idealfall hat sich der Übeltäter gelöst und befindet sich jetzt im Mundraum deines Babys. Dreh es zu dir, kontrolliere den Rachenraum und entferne das verschluckte Stück.

Klopfen auf den Rücken reicht nicht? Ruf den Notarzt. Jetzt solltest du eine Brustkorbkompression machen. Lege dein Kind auf eine feste Unterlage. Dann drückst du fünfmal kräftig mit zwei Fingern auf das Brustbein deines Kindes. Überprüfe, ob sich der Fremdkörper gelöst hat und sich im Rachenraum befindet. Bleiben die Atemwege blockiert, kann dein Kind bewusstlos werden. Dann musst du jetzt Wiederbelebungsmaßnahmen durchführen, bis der Notarzt eintrifft. Bei Babys und Kleinkindern musst du Kopf und Körper in eine Linie bringen. Den Kopf nicht wie bei Erwachsenen nach hinten überstrecken! Mit deinem Mund umschließt du Nase und Mund gleichzeitig und beatmest: pro Sekunde ein Atemzug. Fünfmal. Atme nicht zu viel Luft hinein, die Lungen sind viel kleiner als die eines Erwachsenen. Ein Mundvoll Luft reicht bei Säuglingen aus.

Nach den ersten fünf Beatmungen: Umfasse den Brustkorb mit deinen beiden Händen und drücke mit beiden Daumen ca. vier Zentimeter tief in die Mitte der unteren Hälfte des Brustkorbs. Und zwar dreißigmal. Pro Sekunde ca. zweimal drücken. Danach wird zweimal beatmet. Das Ganze machst du im Wechsel (dreißigmal drücken, zweimal beatmen, dreißigmal drücken etc.). Es klingt makaber, aber es gibt Lieder, deren Rhythmus genau dem Herzmassagerhythmus entsprechen, wie etwa »Stayin' Alive« von den Bee Gees. An denen kannst du dich orientieren. Bei größeren Kindern (ab einem Jahr) kann laut Kinderärzten der sogenannte Heimlich-Handgriff helfen. Der geht so: Du stellst dich hinter dein Kind und umfasst den Oberbauch mit beiden Händen. Jetzt drückst du den Bauch zwischen Nabel und Rippen in einer Aufwärtsbewegung ca. fünfmal kräftig ein. Im Idealfall spuckt dein Kind den verschluckten Brocken aus. Falls das nicht geschieht, musst du mit den Wiederbelebungsmaßnahmen weitermachen. Kinderärzte warnen aber davor, diesen Handgriff an einem gesunden Kind für den Fall der Fälle zu üben. Dabei können innere Organe verletzt werden. Daher ist er für Babys auch generell nicht geeignet! Kinderärzte betonen ebenfalls, dass es in einem Ernstfall am wichtigsten ist, dass du reagierst und dein Kind beatmest sowie die Herzmassage durchführst. Wenn das Taktmaß nicht genau stimmt, ist das nicht so schlimm, als wenn du gar nichts unternehmen würdest. Am besten besuchst du einen Baby-Erste-Hilfe-Kurs, den Experten dringend empfehlen. Dort führst du genau diese Maßnahmen unter Anleitung an einer Puppe durch. Das gibt dir eine ganz andere Sicherheit. Auch wenn du diese Handgriffe hoffentlich niemals brauchen wirst!

Mama-Tipps:

»Ich war auch immer sehr vorsichtig. Habe meinem Sohn Weintrauben immer halbiert, Äpfel noch extra geschält und auch beim Wiener Würstchen vorher die Haut abgezogen.«

»Wir haben damals einen Fruchtsauger gekauft – der sieht aus wie ein großer Schnuller mit vielen kleinen Löchern. In das Saugteil kann man kleine Obststücke füllen, die das Baby dann langsam herauslutscht. Das war mir irgendwie sicherer.«

Frage 39: Mein Kind schreit sehr viel – wie kann ich es beruhigen?

So langsam verzweifle ich ... Meine Tochter ist jetzt knapp fünf Wochen alt, und ich habe das Gefühl, wir haben keine Bindung zueinander. Sie schreit so viel, obwohl sie alles hat! Auch ich als Mama kann sie selten beruhigen. Ich mache mir Sorgen, ob ich irgendwas falsch mache. Ich habe sie von morgens bis abends auf dem Arm, weil sie sich nicht ablegen lässt. Und das ist eigentlich von Anfang an so gewesen. Jeder sagt, ich soll sie mal ablegen und schreien lassen, was ich natürlich nicht mache. Es bricht mir das Herz.

Zuallererst: Es liegt nicht an dir als Mama! Alle Babys weinen. Manche weinen viel, andere auch sehr viel. Von einem echten Schreikind sprechen Kinderärzte erst, wenn das Baby mindestens drei Tage pro Woche länger als drei Stunden am Stück schreit. Alles andere ist normal!

Babys haben keine andere Möglichkeit, sich mitzuteilen, als zu schreien. Hunger, müde, nasse Windel, alles zu viel oder Mama zu weit weg – sie können nicht sagen, was fehlt, nur lauthals weinen. Dass wir das schlecht aushalten, in Stress geraten, hat die Natur so eingerichtet, damit wir uns darum kümmern, dass das Schreien aufhört. Zuerst sollte man alles ausschließen, was dem Baby physisch fehlen könnte:

Ist es satt? Hat es ein Bäuerchen gemacht? Frisch gewickelt? Will es Nähe, auf den Arm genommen werden? Ist ihm zu heiß oder zu kalt? Dann weiter mit diesem Plan: dem Baby etwas von Mamas »Bauchgefühl« vermitteln. Dort war es schön eng, es wurde geschaukelt, außerdem hörten die Babys das Blut rauschen – ein Sch-Sch-Sch-Geräusch, das wir ganz automatisch imitieren, um Babys zu beruhigen.

Weitere Beruhigungsmaßnahmen beim Schreien:
- Pucken: Das imitiert die Enge im Bauch. Viele glauben, dass Babys das doch als beklemmend empfinden müssen, aber im Gegenteil: Sie kennen dieses Gefühl, es gibt ihnen Sicherheit. So zucken sie weniger und schlafen besser. Wie immer gilt – nicht jedes Kind liebt diese Enge, man muss das ausprobieren.
- Auf den Arm nehmen: Bauch an Bauch tragen ist am besten. Kinder, die nicht gepuckt werden wollen, sind vielleicht in einem Tragetuch glücklich. Auch hier ist es schön eng, man ist nah und sicher bei Mama, und es blendet einige Alltagsgeräusche aus.
- Sch-Laute flüstern: Sie erinnern an das gleichmäßige Geräusch im Bauch. Föhn- oder Abzugshaubengeräusche sind auch beliebt – Hauptsache gleichmäßig!
- Bewegen: Sanftes Schaukeln ist gut, um ruhige Babys ruhig zu halten, aber um ein schreiendes Baby zu beruhigen, braucht man oft intensive, kleine, schnelle Bewegungen. Auf einem Pezziball wippen ist eine gute Idee, oder rhythmisches Auf- und-ab-Wippen im Stehen auf dem Bett (kein Witz!). Manche

Mamas tanzen oder gehen Treppen hoch und runter. Man muss nur darauf achten, dass man das Köpfchen gut stabilisiert und die Bewegungen wirklich klein sind. Keinesfalls darf man das Baby schütteln!
- Saugen: Die Saugbewegung beruhigt das Baby. Ein Schnuller oder Stillen können helfen.

Aber was, wenn man alles probiert hat, und das Baby hört immer noch nicht auf zu weinen? Du hältst dein Baby und hältst es aus. Auch wenn es dich an deine Grenzen bringt – es wird vorbeigehen. Wenn du merkst, dass deine Hilflosigkeit in Aggression umschlägt, ist es höchste Zeit für Hilfe. Kontaktiere eine Schreiambulanz. Dort checken verschiedene Fachärzte dein Kind durch. Du lernst Beruhigungsmethoden und mit deiner eigenen Anspannung besser umzugehen. Höre auf deinen Mutterinstinkt: Lass dir niemals einreden, dein Kind wegzulegen und schreien zu lassen. Das ist keine akzeptable Lösung. Wenn dir dein Instinkt sagt, dass etwas nicht stimmt – geh zur Kinderärztin und lasse organische Ursachen für das Schreien ausschließen!

Mama-Tipps:

»Viele tun es als Humbug ab, aber meiner Tochter hat der Osteopath geholfen. Es war direkt nach der ersten Behandlung besser! Und sie hat vorher so viel geschrien.«

»Bei uns hat eine App geholfen. Die hatte lauter ›Weißes Rauschen‹-Geräusche – Föhn, Abzugshaube, Meeresrauschen. Die haben wir am Abend stundenlang laufen lassen.«

»Als ich nach fünf Stunden durchgängigem Schreien nicht mehr konnte, habe ich meine Mutter angerufen und sie gebeten, vorbeizukommen. Ich drückte ihr mein kleines schreiendes Bündel in den Arm und verließ das Haus. Ich lief fünfzehn Minuten um den Block, um wieder zur Ruhe zu kommen und Kraft zu tanken. Scheue dich nicht, dein Umfeld um Hilfe zu bitten.«

Frage 40: Steckt mein Baby in einer Phase?

Ich würde gerne mal wissen, wie das mit den »Phasen« ist. Meine Tochter ist jetzt elf Monate alt, und es ist ein Auf und Ab mit ihr. Es gibt so schöne Wochen, in denen sie supergut gelaunt ist. Und dann gibt es wieder nur Tränen, schlechte Nächte, und essen mag sie auch nicht. Kann ich sie denn in den »schlechten Phasen« irgendwie unterstützen oder ihr helfen, damit sie es besser durchsteht?

Deine Kleine macht ganz normale Wachstums- und Entwicklungsschübe durch – etwa acht in den ersten vierzehn Lebensmonaten. Das strengt einen kleinen Körper an und sorgt auch mal für schlechte Laune, schlimme Nächte, Appetitlosigkeit oder alles auf einmal. Grob kann man sagen, dass die Entwicklungsschübe in der fünften, achten, zwölften und neunzehnten Woche stattfinden, und dann noch einmal in der 26., in der 37. sowie in der 46. und 55. Woche. Dein Einfühlungsvermögen hilft deinem Kind in dieser Zeit sehr. Es spürt, dass du es nicht alleinlässt.

Jedes Kind reagiert anders auf diese ständigen Veränderungen. Die meisten Kinder brauchen aber mehr Nähe.

5. Woche: Dein Baby wächst pro Monat einen bis fünf Zentimeter, das Köpfchen wird zum Kopf und nimmt durchschnittlich monatlich einen Zentimeter an Umfang zu. Das merkst du am Appetit: Dein Baby will auch nachts mehr an der Brust trinken, es braucht diese Energie in Form von Kalorien gerade dringend. Viele Babys lächeln jetzt zum ersten Mal. Die Tränendrüse ist nun voll entwickelt, und du siehst häufiger echte Tränchen beim Weinen. Es reagiert auf Geräusche und Berührungen. Und weil es so viel mehr von seiner Umgebung wahrnimmt, ist es oft weinerlich und will meist mehr in Mamas sicheren Armen liegen.

8. Woche: Plötzlich kann dein Baby sein Köpfchen allein hochhalten und in Richtung eines Geräusches drehen. Es hört, sieht, schmeckt und riecht plötzlich mehr. Babys entdecken jetzt ihre Händchen und nuckeln an ihnen, viele beginnen auch mit dem Schnuller. Vielleicht macht es schon erste Laute – auf jeden Fall hört es dich gern singen und sprechen. Seine Sinne machen also einen riesigen Sprung – und auch das führt dazu, dass dein Baby einige Tage sehr verwirrt und entsprechend anhänglich ist: Deine Wärme, Stimme und dein Geruch sind vertraut und deshalb genau das, was es jetzt braucht.

12. Woche: Motorisch lernt dein Baby eine Menge in dieser Zeit. Viele können sich plötzlich drehen, nach Spielzeug greifen und es in den Mund stecken, Mamas Gesicht befühlen, an den Haaren ziehen. Baby kann strampeln, und vor allem beginnt es, auf dich zu reagieren – wenn du lächelst, lächelt es zurück. Versuche jetzt zum Beispiel ein Abendritual einzuführen – Babys lieben immer gleiche Abläufe, sie geben ihnen Sicherheit.

19. Woche: Plötzlich ist dein Baby kein hilfloses Bündel mehr, sondern entwickelt schon einen richtigen Willen. Es streckt seine Ärmchen nach dir aus, wenn es getragen werden will, und kann richtig ungeduldig werden. Dieser Entwicklungsschub ist einer der längsten (bis zu sechs Wochen) und braucht viel Geduld, um die meist oft unterbrochenen Nächte, das vermehrte Fremdeln und Babys großen Wunsch nach Zuwendung zu überstehen.

26. Woche: Dein Baby kann immer besser Gefühle ausdrücken und freut sich, wenn Mama oder Papa heimkommen. Es merkt, dass es ein Geräusch macht, wenn es das Buch aus dem Bücherregal räumt – und dass noch etwas Tolles passiert: Mama kommt und hebt es wieder auf! So süß diese Entwicklungen sind, für dein Baby sind sie anstrengend. Viele Babys essen und schlafen schlechter, wollen viel beschäftigt werden, sind öfter missmutig und fremdeln sogar bei Oma oder Opa. Erkläre deinem Kind, dass du verstehst, wie viel Neues gerade auf es einprasselt. Es merkt, dass Mama für es da ist.

37. Woche: Jetzt folgt meist ein echter Meilenstein: Viele Babys beginnen zu krabbeln. Das sorgt für Hunger, auch nachts. Sie erkennen den Nachbarshund als den Wauwau im Buch wieder und wissen auch, dass ihr Kuschelhund mit in diese Kategorie gehört. Sie beginnen, die Welt einzuordnen. Sie verstehen dich immer besser – auch wenn du etwas verbietest.

46. Woche: Plötzlich kannst du auch mal richtige Wutanfälle beobachten! Jetzt kannst du dein Baby nicht mehr aus den Augen lassen: Krabbeln und Sitzen sind kein Problem, lieber wollen sich die Kleinen jetzt hochziehen oder irgendwo drüberklettern. Dein Baby mag seinen Alltag, wenn es weiß, was passiert. Wenn es das Badewasser hört, ist es Zeit zum Planschen, der blubbernde Wasserkocher ist das Zeichen für das Fläschchen. Es will genau sehen, was du machst, es nachmachen, dir helfen. Lass das zu, gib ihm einen Lappen zum Wischen, oder lass es die Waschmaschine ausräumen.

55. Woche: Diese Phase ist auch für die Mamas hart: Man muss sich von seinem Baby verabschieden – es wird zum Kleinkind. In dieser Zeit beginnen viele Kinder zu laufen und in richtigen Abläufen zu spielen – sie imitieren oft ihren Alltag, füttern zum Beispiel ihre Stofftiere. Sie wollen viel mehr, als sie können, und dabei kommt es gelegentlich zu frustrierten Wutanfällen, wenn es nicht gleich klappt.

Natürlich entwickelt sich jedes Kind in seinem eigenen Tempo, das ist nur eine grobe Leitlinie. Bei manchen Kindern dauern Entwicklungsschübe ein paar Tage, andere Mamas haben wochenlang ein anhängliches Baby auf dem Arm.

Mama-Tipps:

»Jedes Kind ist anders und hat seine eigene Zeit, in der etwas ›passiert‹. Mir haben ein Buch und eine App geholfen, in denen ausführlich erklärt wurde, was in den Phasen passiert und wann in etwa sie kommen. Das hat es nicht besser gemacht, aber es hat mir unglaublich geholfen, dass ich eine Erklärung für ihr anstrengendes Verhalten hatte.«

»Im Prinzip kannst du nicht viel tun, außer viel Geduld zu haben. Manchmal klappt es auch mit Ablenkung. Ich war mit unseren Mädels in dem Alter ständig draußen – drinnen ist die schlechte Laune viel schwerer zu ertragen.«

Frage 41: Wieso schreit mein Kind so viel?

 Ich bin Mama eines zehn Monate alten Sohnes, und er ist die Liebe meines Lebens. Aber er hat von Anfang an so viel geschrien. Es ist jeden Tag, Abend und Nacht der absolute Horror. Er schreit, lässt sich irgendwann beruhigen und schreit kurz danach wieder. So geht das auch die ganze Nacht, seitdem er auf der Welt ist. Kinderärzte, Hebamme, Osteopath – niemand konnte uns bisher helfen. Es ist wirklich ganz schwierig, und ich habe das Gefühl, ich schaffe das nicht mehr lange. Ich fühle mich so schwach und erschöpft. Auch meine Beziehung leidet sehr, denn wir haben keinerlei Zeit mehr zu zweit. Ich weiß, dass ein Kind alles verändert, aber manchmal denke ich wirklich, dass ich zusammenklappe.

Ein schreiendes Baby kann unheimlich belastend sein. Du hältst diese Situation jetzt seit zehn Monaten aus, so etwas schaffen wohl nur Mamas. Aber du merkst, dass deine Kräfte schwinden und solltest darüber nachdenken, dir Hilfe von außen zu suchen. Nicht nur für deinen Sohn, dem es offensichtlich nicht gut geht, sondern für dich, deinen Partner und die ganze Familie. In den ersten Lebensmonaten schreien viele Babys ausdauernd. Die Ursachen sind nicht immer erkennbar (s. Frage 42). Es gibt Schreikinder, die lassen sich nicht oder nur schwer beruhigen, obwohl alle äußeren Umstände wie Nahrung, trockene Windel, Nähe, Ruhe gegeben sind. Die Ratlosigkeit der Eltern verunsichert auch das Kind, und ein unguter Kreislauf beginnt.

Suche eine Schreiambulanz oder auch Schreisprechstunde auf. Die gibt es häufig in großen Kliniken. Hier wird überprüft, ob es deinem Kind organisch gut geht. Vor allem, wenn die Kinder schon älter sind, wie dein Sohn, ist die medizinische Diagnostik sehr wichtig. Steckt vielleicht eine bisher nicht erkannte Nahrungsmittelunverträglichkeit dahinter? Oder eine seltenere Sache wie etwa bestimmte genetische Syndrome, die nur mit Bluttests erkennbar sind? Der Tageslauf des Kindes wird besprochen, und seine Ess- und Schlafgewohnheiten sind natürlich ein Thema. Oft haben Kinder, die nachts keinen Schlaf finden, auch am Tag zu wenig Ruhe. Zu wenig Tagschlaf kann auch den Nachtschlaf negativ beeinflussen.

Sind die Ursachen vielschichtiger und lassen sich nicht mit einer Untersuchung herausfinden, kann eine Eltern-Kleinkind-Therapie helfen. Psychotherapeuten und Kinderärzte kümmern sich hier immer um die ganze Familie. Sie beleuchten die Beziehung zwischen Eltern und Kind, fragen nach Konflikten, die belasten können. Manchmal sind es längst verdrängte Ereignisse, eine schwere Krankheit oder ein Trauma aus der Kindheit der Mutter, die dazu führen, dass die Eltern dem Kind in bestimmten Situationen keine Sicherheit geben können. Sich Hilfe zu suchen ist kein Zeichen von Schwäche, sondern das Gegenteil. Einem schreienden Kind geht es nicht gut, und du als Mama tust alles, was in deiner Macht steht, um zu helfen. Lass keine Gedanken darüber in dir aufkommen, wieso du als Mutter dein Kind nicht beruhigen kannst!

Mama-Tipps:

»Ich hatte auch ein Schreikind. Es war ein Jahr lang der

absolute Ausnahmezustand, ich habe zeitweise Kopfhörer aufgesetzt, während ich sie getragen und getröstet habe. Dinge wie der Haushalt wurden auf der To-do-Liste nach hinten geschoben, und ich habe mich ganz auf mein Kind und mich konzentriert. Ich habe geschlafen, wenn sie geschlafen hat, und mein Mann und ich haben am Wochenende jeder Auszeiten genommen. Ich wäre sonst durchgedreht. Bei uns hat es das berühmte erste Jahr gedauert, und dann war es wie weggeblasen.«

Frage 42: Mein Kind lässt sich nicht beruhigen – ich denke, es leidet an einer Reizüberflutung. Was kann ich tun?

> *Mein Sohn ist fünf Wochen alt und schreit jeden Abend. Er lässt sich erst nach Stunden beruhigen. Meine Hebamme meinte, dass das eine Reizüberflutung sei. Kann das sein? Und wie kann ich ihm helfen? Pucken und Stillen funktioniert nur manchmal. Was kann ich tun?*

Es gibt viele Gründe, die ein Baby schreien lassen. Leider ist vielen mit Füttern, Wickeln und Kuscheln nicht geholfen. Manches ist etwas komplizierter. Die Reizüberflutung, von der deine Hebamme gesprochen hat, quält viele Babys in diesem Alter. Alles ist für diese Kinder zu laut, zu bunt, sie sehen vielleicht zu viele fremde Menschen, oder man verlangt zu oft nach ihrer Aufmerksamkeit. Ein Baby macht in dieser Zeit außerdem eine enorme Entwicklung durch; alle Sinne verbessern sich von

Woche zu Woche. Es ist nicht einfach, das alles zu verarbeiten. Je älter das Baby wird, desto besser kommt es aber damit zurecht. Bis dahin hilft es ihm, wenn seine Tage immer den gleichen Ablauf haben – für Mama vielleicht langweilig, für Baby aber sehr wichtig.

Vielleicht hat deine Hebamme auch das unschöne Wort Regulationsstörung schon mal verwendet? Hierbei geht es ebenfalls um die Reize, die auf das Baby einprasseln: nicht nur von außen, sondern auch innere wie etwa Bauchweh. Das alles bringt ein Kind ziemlich durcheinander. Es muss sich erst wieder regulieren, um ausgeglichen und zufrieden zu sein. Das fällt vielen Babys am Anfang noch sehr schwer. Sie brauchen Hilfe von Mama oder Papa. Dem einen kann schon der Blickkontakt in einer aufregenden Situation Beruhigung geben, die andere braucht Körperkontakt. Vor allem abends hilft es den Kindern, wenn sie ihr Saugbedürfnis stillen können, um zur Ruhe zu kommen. Achtung: Wenn man das Gefühl hat, vor lauter Gebrüll selbst gleich die Beherrschung zu verlieren, kann es gefährlich für das Kind werden. Solche Empfindungen sind normal, und wahrscheinlich fühlt jede Mama das mal. Aber wenn du merkst, dass es überhandnimmt, hol dir Expertenrat: Such eine Schreiambulanz auf!

Mama-Tipps:

»Meine Hebamme meinte immer, Babys verstehen viel mehr, als wir glauben. Ich solle immer mit meinem Kind reden, also habe ich mich mit ihr ins dunkle Schlafzimmer gelegt (damit sie dann auch im Bett in Ruhe einschlafen kann). Ich habe mich ganz nah an sie gekuschelt und ihr gesagt, dass ich da bin, dass ich auf sie aufpasse und dass sie mir jetzt gerne erzählen kann, was sie heute erlebt hat und was sie bedrückt. Am Anfang kam ich mir etwas blöd dabei vor, aber es hat geholfen. Maximal dreißig Minuten hat sie geschrien.«

»Ich gehe mit meinem Baby abends nach dem Stillen noch mal eine Stunde spazieren. Oder ich spiele ihr das Lied vor, das ich immer in der Schwangerschaft gehört habe.«

»Himmel, das kenne ich. Mir haben nur starke Nerven und viel Liebe geholfen. Halte durch. Ich drück dich!«

Frage 43: Mein Kind hat schlimme Koliken und weint deshalb – wie kann ich helfen?

> *Meine kleine Tochter ist seit neun Wochen auf der Welt und hat schlimme Koliken. Ich höre es richtig gluckern in ihrem Bauch. Sie tut mir so leid, was kann ich denn tun, um ihr zu helfen? Sie weint so schrecklich!*

Tatsache ist, dass bisher keine organischen Ursachen für die Bauchkoliken gefunden wurden. Wichtig ist für die Eltern in dieser Situation, dass sie wissen, dass ihr Baby nicht schwer krank ist. Einige Kinder haben während der Koliken einen geblähten Bauch. Das muss allerdings nicht die Ursache sein. Es ist ebenso möglich, dass der Bauch erst durch das viele Schreien gebläht ist. Trotzdem hilft es manchen Kindern, wenn man ihren Bauch vorsichtig mit Kümmelöl massiert oder die Beine leicht zu beugen und zu strecken, damit »Fahrrad zu fahren« und sie sanft gegen den Bauch zu drücken. Und natürlich: Körperkontakt. Beim Herumtragen sorgt die Bewegung manchmal auch schon dafür, dass der Babykörper sich etwas entspannt. Manche pupsen dann ein paarmal, und es geht ihnen besser. Und was Babys mit extrem empfindlichem Verdauungstrakt helfen kann: beim Stillen die Vormilch etwas ausstreichen, die sehr reichhaltig ist. Erfolg haben auch probiotische Tropfen gezeigt, besonders wenn die Mutter zeitgleich auf Kuhmilch verzichtet.

Mama-Tipps:

»Ich hatte das Gefühl, wenn ich Zwiebeln und Knoblauch gegessen habe, wurde es schlimmer. Wir haben die Zeit nur mit Windsalbe und warmen Kirschkernkissen überstanden.«

Frage 44: Mein Kind lässt sich nicht gerne anziehen und schreit dabei – was kann ich tun?

> *Mein Kleiner ist fünf Monate alt. Sobald ich ihn anziehen, umziehen oder bettfertig machen will, schreit er wie am Spieß. Abends oder wenn wir rausgehen und ich ihm die Jacke anziehen will, ist es besonders schlimm. Bei einem Osteopathen waren wir auch schon, und auch die Kinderärztin meint, er sei gesund. Habt ihr Tipps, wie er sich daran gewöhnt?*

Du kannst ganz beruhigt sein. Durch diesen An- und Ausziehkampf müssen Millionen von Müttern jeden Tag durch.

Manche Kinder fühlen sich beim Angezogen werden beengt, bevormundet und – besonders in dickeren Outfits – auch noch in ihrer Bewegungsfreiheit eingeschränkt. Und wenn du es besonders eilig hast, geht meist gar nichts. Das liegt aber oft weniger am Kind und mehr an dir. Kinder können mit unserem »Zackzack, wir müssen gehen« nicht viel anfangen. Wenn sie noch sehr klein sind, verstehen sie schon gar nicht, warum du sie jetzt in dem, was sie da gerade machen (Fingerchen entdecken? Rasseln? Sofakissen bewundern?), unterbrichst und das lästige Anziehen ansteht. Erzähle deinem Kind, was gleich auf es zukommt. »In zwei Minuten müssen wir uns anziehen.« Dann erkläre währenddessen, was du tust: »Jetzt ziehen wir dein Ärmchen durch den Ärmel.« Auch wenn du das Gefühl hast, dein Kind versteht dich noch gar nicht, es fühlt, dass du ihm nicht einfach etwas überstülpst, sondern dass es dabei mitmacht. Suche Blickkontakt zu deinem Baby. Hebammen raten, zu singen oder beruhigend mit den Kleinen zu sprechen.

Wähle eher Kleidung, die du deinem Baby nicht über den Kopf ziehen musst. Wickelbodys oder Jäckchen zum Zuknöpfen sind ideal. Versuch mal, dein Baby vor dem Spiegel an- und auszuziehen. Lass dein Kind (soweit es das schon kann) beim Anziehen mithelfen – animiere es, den Arm auszustrecken, wenn du den Body anziehen möchtest. Wichtig: Wenn es gut mitmacht, unbedingt loben!

 Mama-Tipps:
»Ich lasse meine Tochter oft dabei zusehen, wie ich mich

umziehe. Dazu erzähle ich ihr, was ich gerade anziehe und warum. Später wickeln wir ihre Kuscheltiere und machen dann ein Spiel daraus, auch ihr eine neue Windel zu machen.«

»Mein Kleiner schreit schon, wenn er den Wickeltisch nur sieht. Denn er weiß dann: Jetzt geht's ans Anziehen. Deshalb wechsle ich seine Kleidung nur noch auf dem Bett oder während er bei mir auf dem Schoß sitzt. Seit Kurzem kann er stehen – in dieser Position funktioniert es am besten.«

»Ich habe festgestellt, wenn ich mein Baby vorher zum Lachen bringe, ist es einfacher. Wir toben kurz herum, so dass sie richtig quietscht vor Freude, dann kooperiert sie besser.«

Frage 45: Ab wann sollte ich mein Kind baden und womit?

 Meine Tochter ist jetzt einige Wochen alt. Wie oft sollte ich meine Kleine baden? Und brauche ich einen Badezusatz?

So viele Hilfsmittel gibt es rund um das Baden. Ehrlich gesagt: Nichts davon braucht man wirklich. Aber vieles erleichtert es. Du musst dein Baby nicht täglich baden. Wenn du die Hautfalten und den Genitalbereich mit einem Waschlappen und warmem Wasser reinigst, reicht das völlig. Manche Kinder entspannt ein warmes Bad allerdings, deshalb nutzen es viele Mamas als Teil der Abendroutine. Wenn dein Kind schon älter ist, keine trockene Haut hat und du keine schäumenden Badezusätze verwendest (die Tenside darin, die für den Schaum verantwortlich sind, trocknen die Haut leicht aus), ist auch tägliches Baden okay.

Darauf solltest du beim Baden achten:
- Mit dem ersten Bad warten, bis der Nabel verheilt ist. Gut ist, wenn dir deine Hebamme dabei helfen kann.
- Die Idealtemperatur ist 37 Grad Celsius, wie die Körpertemperatur des Menschen. Immer mit Badethermometer kontrollieren – auch geringe Temperaturabweichungen von ein, zwei Grad fühlen sich für die dünne Haut eines Babys schon viel zu heiß (oder kalt) an.
- Der perfekte Griff, um dein Baby gut festzuhalten: Der Schulter-Nacken-Bereich liegt auf deinem Unterarm. Mit der Hand greifst du die äußere Schulter, Daumen über der Schulter, die anderen Finger greifen unter die Achsel.

- Maximale Badedauer in den ersten sechs bis acht Wochen: zehn Minuten.
- Bauch und Brustbereich mit einem Waschlappen bedecken.

Den immer wieder mit dem warmen Badewasser übergießen, so dass dein Baby nicht auskühlt.
- Einige halten Babybadewannen und Badeeimer (die simulieren ein Gefühl wie im Mutterleib, weil die Babys in der Embryohaltung darin stecken) für sinnlose Anschaffungen, andere schwören darauf. Ob du mit deinem Kind in eurer großen Wanne badest oder auch das Waschbecken nutzt, kannst du nach Badezimmer- und Rückenmuskelsituation (ein Baby zehn Minuten mit gebeugtem Rücken zu halten ist verdammt anstrengend) entscheiden.
- Du kannst laut Hebammen ein paar Tropfen Badeöl dazugeben. Achtung beim Herausheben: Die Babys sind durch das ölige Wasser sehr glitschig!
- Lass dein Kind keine Sekunde aus den Augen. Egal, wie alt es ist. In den ersten Monaten kann es untertauchen, später aufstehen und ausrutschen.
- Damit dein Baby nach dem Baden nicht friert, kannst du sein (Kapuzen-)Handtuch vorher über die Heizung legen. Und vor allem die Mamas von Winterbabys schwören auf eine Wärmelampe über dem Wickeltisch!

Mama-Tipps:
»Ich habe statt Badezusatz ein paar Tropfen Muttermilch ins Badewasser gegeben, das war ein Tipp meiner Hebamme.«

»Ich habe Bio-Olivenöl oder Mandelöl als Badezusatz verwendet. Beim ersten Mal war ich erschrocken, wie rutschig mein Baby dadurch war. Danach habe ich das Handtuch immer ausgebreitet direkt neben die Wanne platziert, damit ich meine

Kleine nur ablegen und einwickeln und nicht mit dem Handtuch hantieren musste.«

Frage 46: Mein Kind mag nicht baden – was soll ich tun?

> *Mein Sohn ist dreieinhalb Monate alt und schreit wie am Spieß, wenn es in die Badewanne geht. Ich habe schon während des Badens gesungen (wir haben ein Lied, mit dem er sich sehr gut beruhigen lässt) und probiert, mit ihm zusammen zu baden oder zu duschen. Gibt es Tipps, die ich noch anwenden kann, damit das Baden nicht immer zum Albtraum wird?*

Viele Kinder wollen von einem Tag auf den anderen nicht mehr baden, ohne dass etwas Besonderes vorgefallen ist.

Generell ist es keine gute Idee, dein Kleines zu zwingen, wenn es sich wehrt und nicht in die Wanne möchte. Wenn dein Kind auch nicht mit dir duschen will, greife einfach zu Waschlappen und einer Plastikschüssel mit lauwarmem Wasser. Diese »Katzenwäsche« ist bei einem Baby völlig ausreichend. Oft ist das aber nur eine Phase. Manche Mamas sitzen das einfach aus. Andere probieren kleine Kniffe, um ihr Baby zu motivieren:

- Variiere die Uhrzeit, zu der du badest. Viele Babys wollen nicht baden, wenn sie hungrig oder müde sind. Vielleicht klappt es nachmittags besser.
- Manche Kinder haben Angst vor dem Badezimmer. Sie haben mit dem Raum bisher kaum Berührungspunkte gehabt – sie

putzen noch keine Zähne und sind selten dabei, wenn ein Elternteil duscht. Stell die Badewanne in einen vertrauten warmen Raum.
- Manche Babys lieben am Anfang einen Badeeimer. Die Form ist dem Mutterleib nachempfunden, und die Begrenzung an Beinen und Armen gibt ihnen Sicherheit.
- Für einige Babys ist auch das Ausziehen eine Hürde. Wickel dein Kind in ein Moltontuch und lege es darin langsam in die Wanne. Immer zuerst die Füße, dann den Po und danach den Rücken. Dann legst du das Tuch ab.
- Probiere eine andere Position: Lass dein Baby auch mal in Bauchlage in die Wanne gleiten – viele mögen es nicht, auf dem Rücken im Wasser gehalten zu werden.
- Sing oder summ ein vertrautes Lied, lächle dein Baby aufmunternd an. Und natürlich kann Badespielzeug in Form von bunten Tierchen helfen und ablenken.
- In der Wanne zu stillen klappt so gut wie immer.
- Erkläre deinem Kind ganz ruhig vor dem Baden, was jetzt gleich passiert (»Gleich geht's in die Badewanne!«), warum (»Wir müssen doch den kleinen Bauch und den Popo sauber machen.«) und was es dafür tun muss (»Deshalb müssen wir vorher den schmutzigen Body und die Windel ausziehen, damit das Wasser auch überall hinkommt!«). Kinder verstehen viel früher, als sie sprechen können.

Mama-Tipps:

»Bei meinem kleinen Mann hat es geholfen, wenn er sich selbst dabei sehen konnte. Ich habe dann einen Spiegel vor die Wanne gestellt, da wurde es besser.«

»Meine Kleine hat Baden von Beginn an gehasst. Sie hat sich immer ganz steif gemacht, wenn sie in die Wanne sollte. Dann habe ich einen Babyschwimmkurs mit ihr gemacht. Seitdem liebt sie es zu baden.«

Frage 47: Wie schütze ich mein Baby richtig vor der Sonne?

Mein Sohn ist drei Monate alt, und unser erster Urlaub steht an. Wie soll ich ihn richtig vor der Sonne schützen? Natürlich will ich mit ihm fast ausschließlich im Schatten bleiben, aber trotzdem – muss ich auch Arme und Beine eincremen, wenn er kurze Hosen oder Bodys anhat?

Die zarte Haut deines Babys ist sehr dünn, die UV-empfindlichen Stammzellen liegen noch dicht unter der Hautoberfläche und nehmen so viel schneller Schaden – deshalb musst du tatsächlich mit deinem Baby im Schatten bleiben. Unser Körper kann zwar viele Zellschäden reparieren, aber besonders bei kleinen Kindern funktioniert das noch nicht optimal. Und jeder nicht reparierte Zellschaden verbleibt im Körper und kann später im Leben zur Entstehung von Hautkrebs beitragen. Außerdem wird Kinderhaut bei Sonnenbrand nicht so schnell rot. So erkennt man als Mama das Alarmzeichen auch nicht gleich. Aber ganz wichtig: Die Haut nimmt nicht erst Schaden, wenn du einen Sonnenbrand siehst, sondern schon viel früher! Bei kleinen Kindern musst du vor allem starke Sonnenbestrahlung vermeiden. Kleidung und Sonnencreme sind nur ein zusätzlicher Schutz.

Kinderärzte empfehlen, Babys unter sechs Monaten mit Kleidung komplett vor der Sonne zu schützen: Sie sollten UV-Schutz-Kleidung beziehungsweise luftige, langärmelige Oberteile und Hosen tragen. Und immer einen Sonnenhut mit Nackenschutz aufhaben!

Befestige ein Sonnensegel oder einen Schirm am Kinderwagen.

Bleibe mit deinem Baby während der größten Mittagshitze (zwölf bis fünfzehn Uhr) im Haus und auch den Rest des Tages im Schatten. Sonnencreme, auch speziell für Kinder, sehen Kinderärzte bei Babys unter einem Jahr nur ungern. Nicht nur wegen der Chemikalien darin, sondern auch, weil Babys das Schwitzen noch nicht regulieren können und die Sonnencreme sie noch zusätzlich daran hindert. Am besten nur auf die unbedeckten Stellen wie Gesicht und Hände geben.

Für alle älteren Kinder ist Sonnencreme Pflicht! Den größten Anteil UV-Strahlen bekommt man in der Kindheit ab, die vielen Stunden auf dem Spielplatz summieren sich und zahlen auf das »Sonnenkonto« in unserer Haut ein – sie vergisst nicht eine Minute, die sie in der Sonne war. Verwende mindestens Lichtschutzfaktor 30 – niemand cremt sich wie unter Laborbedingungen ein, man erreicht den LSF 30 meist nicht mal annähernd. Creme dein Kind auch an bewölkten Tagen ein – die UV-Strahlen dringen auch durch Wolken.

Leider muss man streng sein, obwohl es so schwerfällt – man weiß ja, wie gut die Sonne dem Gemüt tut. Aber die Hautkrebszahlen steigen jedes Jahr an, und dein Baby kann sich nicht selbst schützen, das musst du für dein Kind tun.

Frage 48: Wie merke ich, ob es meinem Baby zu warm oder kalt ist?

> *Mein Sohn ist elf Monate alt, und ich ziehe ihm auch bei sommerlichen 25 °C immer einen Body an. Also genau genommen immer Body, T-Shirt und dünne lange Hose. Aber mittlerweile frage ich mich, ob dieser Zwiebellook vielleicht doch zu warm ist?*

Ziehe dein Baby in den ersten drei Lebensmonaten einfach nach der Hebammenfaustregel an: Immer eine Schicht mehr als bei dir selbst. Wenn du bei 25 Grad Jeans und T-Shirt trägst, ziehst du deinem Kleinen am besten eine Jeanshose und einen Kurzarmbody mit leichtem Jäckchen oder Langarmshirt an. So kannst du bei Bedarf ein Oberteil ausziehen. Wenige Wochen alte Babys frieren oder überhitzen schnell, da sie ihre Temperatur noch nicht gut regulieren können. Nach einigen Wochen hat sich der natürliche Thermostat deines Babys entwickelt, und es empfindet Hitze und Kälte ähnlich wie du. Dann kannst du es genauso anziehen wie dich auch.

Wenn du deinem Mamainstinkt noch nicht ganz vertraust, erkennst du so, ob es deinem Baby zu warm oder zu kalt ist:

Fühle mit deinem Handgelenk Nacken, Arm oder Bauch: Er sollte wohlig warm sein. Wenn sich dein Baby dort heiß anfühlt und auch die Kopfhaare etwas feucht sind, kannst du eine Schicht ausziehen.

Die Temperatur von Händen und Füßen deines Babys ist nicht unbedingt ein Indiz. Sie sind oft kühler als der übrige

Körper, der Blutkreislauf ist nämlich noch nicht voll entwickelt. Eiskalt sollten sie aber natürlich nicht sein!

Wichtig: Egal, zu welcher Jahreszeit – ein kleines Baby braucht immer eine Kopfbedeckung. Bei den Kleinen geht die meiste Wärme über den Kopf verloren, gerade wenn die Haarpracht mit der eines Opas konkurriert. Wenn der Kopf sehr groß ist, ist der Wärmeverlust sogar noch extremer. In den ersten drei Monaten muss außerdem die Fontanelle geschützt werden, die noch nicht geschlossen ist.

Mama-Tipps:

»Ich habe mir einen sehr breiten, sehr weichen Schal gekauft, den ich eigentlich immer dabeihabe. Ich trage ihn selbst, aber er war auch schon hundertmal fürs Kind im Einsatz – als Decke im Kinderwagen, Sonnenschutz, Jackenersatz abends im Biergarten, Kopfkissen oder unterwegs im Flugzeug oder der Bahn, wenn die Klimaanlage voll aufgedreht war. Er war die beste Anschaffung!«

Frage 49: Ab wann darf ich mein Baby in einer Babytrage tragen?

> *Ich bin mit meinem zweiten Kind schwanger, und dieses Mal möchte ich es nicht wie Baby Nummer eins nur im Kinderwagen durch die Gegend schieben. Ich will es lieber tragen. Nun fühle ich mich vom Angebot an Babytragen überfordert. Ein Tragetuch habe ich noch*

von meiner Tochter, aber es sollte nun noch eine Babytrage dazukommen, weil ich mit dem Binden nicht so gut zurechtkam. Mir ist es wichtig, dass die Maus von Geburt an bequem und vor allem sicher in der richtigen Position sitzt, es aber für mich gleichzeitig rückenschonend ist. Ab wann ist es okay, ein Kind in eine Trage zu setzen?

Eine Trage oder ein Tuch können eine extreme Erleichterung sein. Der Gang zum Bäcker wird wieder zur spontanen Aktion, Gemüse schnippeln, Wäsche aufhängen – kleine Hausarbeiten müssen nicht mehr bis zum Mittagsschlaf warten.

Auch den meisten Babys gefällt das sehr, weil sie von alleine sanft in den Schlaf geschaukelt werden. Sie entwickeln so außerdem ein Sicherheitsgefühl, einen Gleichgewichtssinn und Rhythmusgefühl. Babys werden aufgrund ihrer Position in der Gebärmutter mit einem »runden« Rücken geboren. Tücher oder Tragen gibt es schon für ganz kleine Säuglinge. Hebammen raten am Anfang zu Tüchern, da du sie individuell passend zu Babys Rücken wickeln kannst. Wenn Tragen auch schon für Säuglinge konzipiert sind, die noch nicht sitzen können, gibt es spezielle Einsätze. Viele Tragen wachsen auch mit (z. B. dank integrierter Rückenverlängerung). Ob im Tuch oder in der Trage, am wichtigsten ist die richtige Haltung deines Kindes. Das ist in jedem Fall die Anhock-Spreizhaltung (auch M-Position; s. Frage 50). Es ist wirklich herzerwärmend, wenn dich dein Kleines so von unten aus der Trage anblickt. Auch im Sinne des Wortes: Du wirst merken, wie du dein Baby durch diese Nähe wärmst – und umgekehrt. Daher braucht dein Kleines eventuell eine Kleidungsschicht weniger.

Mama-Tipps:

»Ich kann eine Trageberatung nur empfehlen. Man bekommt die verschiedenen Tragen und Tücher gezeigt und erklärt und findet für sich und sein Baby den richtigen Weg. Ich habe mich mit dem Binden auch sehr schwergetan, doch nach der Beratung war ich Profi.«

»Es gibt Tragen, die man auch zusätzlich binden kann. Somit hat man eine Kombination aus beiden Arten.«

Frage 50: Wie sehe ich, dass mein Baby in der Trage oder im Tragetuch richtig sitzt?

> *Meine kleine Tochter ist acht Monate alt. Sie sitzt noch nicht richtig, und krabbeln mag sie auch nicht. Sie wird am liebsten getragen und gehalten, damit sie ja alles sieht, aber leider wird sie mit der Zeit ganz schön schwer, und ich habe bereits einen Bandscheibenvorfall. Ich habe ein Tragetuch und eine Trage gekauft. Aber wie sehe ich, dass sie richtig darin sitzt?*

Am wichtigsten ist die richtige Haltung: Dabei sind die Beine etwa bis auf Nabelhöhe »angehockt« und leicht nach außen gespreizt. Po und Beine bilden somit ein »M«. Dadurch kommt die Hüfte des Kindes nach vorn, der Rücken macht sich rund, und unnötige Belastungen der Wirbelsäule und der Hüftköpfe werden vermieden.

Tragetücher

Viele Mamas sind mit der Wickeltechnik erst mal überfordert, deshalb gibt es Trageberaterinnen und Hebammen, die helfen. Vorteil des XXL-Tuchs: Es wächst mit, und du kannst unterwegs stillen, ohne dass es jemand sieht. Das Material sollte luftig, dehnbar, aber fest sein. Achte auf die richtige Haltung deines Babys: der Kopf auf »Kopfkusshöhe«, die Beine in Anhock-Spreizhaltung.

Der Kopf deines Babys muss gut gestützt werden! Hebammen-Tipp: Du kannst in den Teil des Tuches, der den Kopf stützt, ein kleines, eingerolltes Tuch stecken – quasi als Nackenrolle. Du darfst das Tuch nicht zu locker binden – auch wenn du Angst hast, dass dein Baby keine Luft bekommt. Sonst wird der Babyrücken nicht ausreichend stabilisiert.

Es gibt diverse Tragetechniken, von *Double Hammock* bis Kängurutrage. Will dein Baby mehr sehen als nur deine Brust, kannst du dir dein neugieriges Mini-Me mit dem Tuch auch seitlich auf die Hüfte binden.

Hebammen raten: Sobald dein Kind stabil sitzen kann, solltest du zur Trage wechseln. Ab diesem Zeitpunkt bieten Tücher in der Regel zu wenig Stabilität.

Beispiel für eine Wickeltechnik:

Babytragen

Es gibt Tragehilfen, mit denen du dein Kind vorne trägst, welche, in denen die Kleinen auf dem Rücken thronen, oder Multifunktionstragen. Die Trage sollte gut gepolstert und rückenschonend sein. Die M-Position deines Babys ist auch in einer fertigen Trage wichtig. Vorsicht: Prüfe, dass die Trage die Babybeine nicht zu sehr spreizt (Hebamme oder Beraterin drauf gucken lassen).

Mama-Tipps:

»Ich habe immer ein zusammengerolltes Tragetuch in der Wickeltasche – superpraktisch, wenn mein Baby unterwegs nicht mehr im Kinderwagen liegen will.«

Frage 51: Ab wann kann ich meinem Kind einen Schnuller geben?

Das Thema Schnuller ist eine Grundsatzfrage: Geben oder lieber gar nicht erst dran gewöhnen? Und falls ja, ab wann? Mein Sohn ist jetzt zwei Wochen alt, und jeder sagt etwas anderes. Ich bin total verunsichert!

Wenn man Glück hat, nimmt einem das Baby die Entscheidung ab. Manche Kinder verweigern konsequent den Schnuller – doch das ist aus Mamasicht nicht immer ein Segen. Den meisten Mamas hilft der Schnuller genauso wie den Babys. Nuckeln ist nicht nur Nahrungsaufnahme, sondern auch Beruhigung. Ein Schnuller funktioniert so gut, weil der Körper deines Babys durch das Saugen Hormone produziert, die beruhigend wirken. Kein Wunder, dass der Schnuller im Englischen *comforter* (»Tröster«) oder *pacifier* (»Friedensstifter«) genannt wird. Gib deinem Baby nicht unmittelbar nach der Geburt einen Schnuller, sagen Hebammen. In dieser Zeit muss sich dein Baby erst mal auf seine wichtigste Aufgabe konzentrieren: Nahrungsaufnahme sicherstellen. Auch wenn das Saugen der stärkste angeborene Reflex ist, dauert es bei einigen Babys ein paar Wochen, bis sie die richtige Technik draufhaben. Das Üben macht sich dann an deinen wunden Brustwarzen bemerkbar (s. Frage 17). Während dieser ersten Andock- und Trinkanläufe kannst du dein Baby mit einem weiteren Sauger (einem Schnuller oder der Trinkflasche, an der es weniger stark saugen muss) irritieren, sagen Hebammen. Dann sprechen sie von »Saugverwirrung«. Deshalb empfehlen Hebammen, zu warten, bis das Stillen einigermaßen funktioniert. »So oft wie nötig, so selten wie möglich« ist später ein passender Leitsatz zum Thema Schnuller. Wenn dein Kind zu viel und zu lange nuckelt (s. Frage 53), kann es zu Zahnfehlstellungen und Verzögerungen der Sprachentwicklung kommen. Außerdem gibt es einen nachgewiesenen Zusammenhang zwischen anhaltendem Schnullergebrauch und dem Auftreten von Mittelohrentzündungen[7]. Dazu kommt, dass Babys ihre Umwelt durch den Mund entdecken. Alles wird eingespeichelt und abgeleckt. Sie gehen durch Phasen, in denen sie ihr Sprechwerkzeug entdecken und immer wieder vor sich hin glucksen und quieken, und auch zum Kommunizieren mit Mama, Papa oder anderen Kindern brauchen sie den Mund. Das sind wichtige Entwicklungsschritte, in denen es nicht gut ist, wenn der Babymund dauerzugestöpselt ist. Der Schnuller sollte nicht zum Ganztagsbegleiter werden, der nur zum Essen oder Trinken rausgenommen wird. Benutze ihn zum Trösten bei einem Wehwehchen und zum Beruhigen beim Einschlafen und nicht länger als die ersten drei Jahre.

Mama-Tipps:

»Ich habe meiner Tochter aus Überzeugung erst gar keinen Schnuller gegeben. Ich wollte mir die ganzen Nebenwirkungen sparen. Im Nachhinein bereue ich diese Entscheidung. Wir hatten und haben so viele anstrengende Nächte, in denen ein Schnuller sie bestimmt beruhigt hätte. Jetzt mit fünf Monaten möchte sie ihn nicht mehr nehmen.«

»Ich habe zwei Mädchen und einen Jungen. Die Älteste hat nur am Daumen genuckelt, die Zweite hat einen Schnuller genommen, und mein Junge wollte nur die Brust. Wir hatten also alle Varianten – der Schnuller war am einfachsten, aber am schwierigsten abzugewöhnen.«

Frage 52: Welchen Schnuller sollte ich für mein Kind kaufen?

> *Ich bin unsicher, welche Schnullerart ich geben soll. Mein Sohn ist drei Wochen alt, und das Stillen hat sich gut eingependelt. Er spuckt den Schnuller immer wieder aus. Heißt das, er nimmt den Schnuller einfach nicht, oder sollte ich einen anderen kaufen? Es gibt so viele Varianten. Und soll man immer bei der kleinsten Größe bleiben, damit der Kiefer sich nicht verformt?*

Wenn dein Kind den Schnuller direkt wieder ausspuckt, heißt das nicht zwangsläufig, dass es das Modell nicht mag. Hebammen erklären, dass der Zungenstoßreflex eine natürliche Reaktion ist. Landet ein Fremdkörper in Babys Mund, der zum Ersticken führen könnte, stößt dein Kind den Eindringling automatisch hinaus. Zwischen dem fünften und achten Monat verliert sich dieser Reflex langsam. Probiere es immer wieder mal mit verschiedenen Marken. Starte mit den Schnullern, die Zahnärzte empfehlen: Sie haben einen flachen, kurzen Schaft, sodass der Sauger nur wenig Druck auf den Kiefer ausübt, der Zunge deines Babys viel Raum lässt und nicht beim Schlucken stört. Das Lutschteil sollte flexibel, klein und flach sein. Je leichter der Schnuller ist, desto besser. Daher auch keine schwere Schnullerkette aus Holzkugeln dranhängen – das Gewicht kann die Zähne verziehen. Die meisten Schnuller sind entweder aus Latex (sehr weich, aber manche Babys reagieren allergisch), Silikon (robuster und spülmaschinentauglich) oder Naturkautschuk (aus Latex gewonnen). Latexschnuller musst du alle vier bis sechs Wochen austauschen, Silikon hält länger. In jedem Fall müssen sie vor dem ersten Benutzen immer fünf Minuten ausgekocht und danach bei kleinen Babys täglich sterilisiert werden. Kontrolliere auch regelmäßig, ob dein Kind sie vielleicht kaputt gebissen hat. Der Schnuller sollte unbedingt BPA-frei sein. Kinderzahnärzte empfehlen von null bis sechs Monaten die 1er Größe für Schnuller, danach die 2er und gegebenenfalls noch die 3er Größe zu benutzen. Wichtig ist ein flaches Saugteil, denn der sogenannte offene Biss kann so seltener entstehen und die Abgewöhnung fällt später leichter.

Mama-Tipps:

»Für mich war am wichtigsten, dass der Schnuller im Dunkeln leuchtet. So konnte meine Tochter ihn nachts selbst wiederfinden, wenn sie ihn ausgespuckt hatte. Das hat mir oft das zusätzliche Aufstehen erspart.«

»Ich habe den Schnuller immer wieder angeboten, und nach etwa zwei Wochen hat sie ihn genommen. Jetzt geht das Einschlafen aber auch gar nicht mehr ohne, auch nicht gut.«

Frage 53: Wann soll ich meinem Kind den Schnuller abgewöhnen, und wie?

> *In welchem Alter und vor allem wie habt ihr euren Kleinen den Schnuller abgewöhnt? Meine Kleine ist nun elf Monate alt, und langsam frage ich mich, wann und wie ich am besten anfange. Sie ist ein absolutes Schnullerkind. Nachts und mittags kann sie nur mit Nucki einschlafen. Außerdem würde sie ihn am liebsten den ganzen Tag über im Mund haben.*

Vor dem Abgewöhnen des Schnullers graut es so ziemlich jeder Mama. Beim Zeitpunkt geht es weniger um das Alter als darum, dass dein Kind in der Lage ist, sich selbst zu regulieren. Wenn Kinder aufgeregt, müde oder traurig sind, müssen sie diese Emotionen rauslassen. Einige wippen mit den Füßen, andere schnappen sich ihr Lieblingskuscheltier. Manche Kinder haben nicht gelernt, sich selbst zu helfen, da immer sofort der Schnuller gereicht wurde.

Für Erzieherinnen in der Krippe ist die Zweijahresgrenze wichtig: Im Regelfall geben sie den Kleinen ab 24 Monaten nur noch zum Schlafen den Schnuller. In diesem Alter geht meistens das Sprechen richtig los. Wenn die Zunge damit beschäftigt ist, den Schnuller zu halten, werden Aussprache und Artikulation beeinträchtigt. Das kann zur Verzögerung der Sprachentwicklung führen. Aus Sicht der Kinderzahnärzte sollte ein Kind spätestens mit drei Jahren »oben ohne« auskommen, da der Schnuller sonst eine Fehlstellung von Zähnen und Kiefer (Stichwort »offener Biss«) nach sich ziehen kann. Für eine sanfte Entwöhnung empfehlen sie Mundvorhofplatten (Entwöhnungssauger). Die sehen aus wie eine Sparversion vom Schnuller. Anstelle des Saugers haben sie eine Platte in C-Form. Sie können auch Daumenlutschen abgewöhnen und leichte, bereits entstandene Fehlstellungen korrigieren. Kinderärzte und Psychologen haben es mit der Schnullerentwöhnung nicht so eilig. Aus ihrer Sicht sollten Kinder aus Rücksicht auf die seelische Entwicklung den Schnuller bis zum vierten Geburtstag als Nottröster behalten dürfen. Ab dann sind normal entwickelte Kinder eigentlich in der Lage, auf das Beruhigungsnuckeln zu verzichten und können sich anderweitig trösten. Generell gilt: Je länger der Nucki zum Alltag deines Kindes gehört, desto schwieriger ist es, ihn einfach so wegzunehmen.

Am besten tauscht dein Kleines den Tröster gegen ein schönes Geschenk ein oder nimmt mit einer kleinen Zeremonie Abschied. Auf diese Weise kann dein Kind die Trennung mit einem positiven Ereignis verbinden.

So kannst du den Schnuller abgewöhnen:

- Der Schnullerbaum: Ursprünglich aus Dänemark, geben jetzt auch in Deutschland immer mehr Städte in öffentlichen Parkanlagen Bäume frei – die Kinder können ihren Schnuller daran feierlich aufhängen, um sich so leichter von ihm zu lösen. Immer mehr Zahnarztpraxen stellen auch kleine Schnullerbäume im Wartezimmer auf.
- Die Schnullerfee: Der Nucki wird abends auf die Fensterbank, unter das Kopfkissen oder vor die Tür gelegt – über Nacht holt ihn die Schnullerfee und hinterlässt ein Geschenk.
- Das Schnullertauschgeschäft: Die meisten Familien inszenieren eine kleine Geschichte. Meistens wird der Schnuller dabei

beim Nikolaus, Christkind oder Osterhasen gegen ein Geschenk eingetauscht.

Mama-Tipps:

»Bei uns ›schläft‹ der Schnuller tagsüber und muss deshalb im Bett bleiben. Das klappt sehr gut. Wie ich ihn nachts abgewöhne, weiß ich noch nicht.«

»Bei uns hat es geholfen, dass ich den Schnuller tagsüber versteckt habe. Unser Sohn wollte ihn immer nur dringend haben, wenn er ihn gesehen hat.«

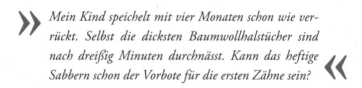

Frage 54: Wann kommen die ersten Zähne – mein Kind speichelt viel, ist das ein Zeichen?

> *Mein Kind speichelt mit vier Monaten schon wie verrückt. Selbst die dicksten Baumwollhalstücher sind nach dreißig Minuten durchnässt. Kann das heftige Sabbern schon der Vorbote für die ersten Zähne sein?*

Ab dem sechsten Monat kommen bei den meisten Babys die ersten Zähne, fast immer sind es die unteren Schneidezähne. In welcher Reihenfolge die nächsten Zähne kommen, siehst du in der Abbildung. Allerdings hält sich nicht jedes Baby an diesen Zeitplan. Manche bekommen sie deutlich früher, andere erst kurz vor ihrem ersten Geburtstag.

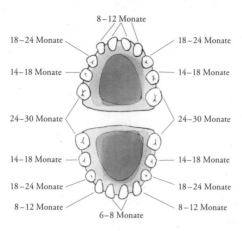

Wenn sich nach dem ersten Geburtstag noch kein Zahn zeigt und du dir Sorgen machst, wo die Zähnchen bleiben, sprich deinen Zahnarzt an. Die Mehrheit der Mütter beobachtet allerdings schon bei ihren wenige Monate alten Kindern den typischen verstärkten Zahnungsspeichelfluss und bemerkt, dass ihre Kinder quengeliger werden. Die ersten Zahnungssymptome treten schon auf, wenn die Zähne »in den Kiefer schießen«. Das sagt man umgangssprachlich so, aber leider »schießen« sie nicht, sondern rücken langsam vor. Bis die darüberliegende Schleimhaut immer dünner geworden ist und schließlich aufgeht, um den Zahn freizugeben, können acht Wochen vergehen. Babys sind in dieser Zeit sehr unruhig und schreien schubweise sehr intensiv. Das Zahnfleisch ist gerötet, angeschwollen und zuweilen bildet sich ein Hämatom (Blutgerinnsel). Oft sind rote Bäckchen, Ohrenschmerzen, Fieber, Durchfall und ein wunder Po typische Zahnungsbegleiter. Kinderzahnärzte empfehlen, mit dem ersten Zahn auch mit dem Putzen zu beginnen. Viele bieten auch schon Vorsorgeuntersuchungen an. Je früher du dein Kind an die Zahnbürste gewöhnst, desto einfacher wird es später.

Mama-Tipps:

»Meine Tochter ist fast elf Monate alt, und nun spitzelt der erste Zahn durch – die Eckzähne, die eigentlich fast als Letzte kommen, sind ihre ersten. Ich habe es gar nicht mitbekommen, weil ich immer auf die Schneidezähne unten gewartet habe. Seit dem vierten Monat war ich überzeugt: Sie kommen jeden Tag! Sie hat gesabbert wie verrückt und an allem rumgenagt. Schmerzen hatte sie aber nur selten.«

»Wir sind, nachdem die Schneidezähne durch waren, beim Zahnarzt gewesen, weil sie das Zähneputzen nicht so gut findet. Er hat uns eine Zahnbürste mit Silikonborsten mitgegeben, die funktioniert besser.«

Frage 55: Wie kann ich das Zahnen erleichtern?

> *Meine Kleine leidet so, weil sie Zähne bekommt. Sie weint viel, besonders nachts, und hat geschwollenes Zahnfleisch. Essen will sie auch nichts. Wie kann ich ihr helfen?*

Zum Glück gibt es ein paar kleine Hilfsmittel, die das Zahnungsleid der Kleinen zumindest etwas lindern können. Hebammen empfehlen auf jeden Fall erst mal ganz viel zu kuscheln, zu tragen (im Liegen werden die Schmerzen schlimmer) und sich in Geduld zu üben. Immerhin wissen die Kleinen gerade überhaupt nicht, was los ist.

Zusätzlich kannst du diese Klassiker ausprobieren:
- Beißringe, die mit Wasser gefüllt sind und im Kühlschrank (nicht im Gefrierfach, zu kalt) aufbewahrt werden. Wenn die Babys darauf kauen, kühlt es das gereizte Zahnfleisch und lindert die Kieferspannung. Manche mögen auch einen feuchten Waschlappen aus dem Kühlschrank. Einige Mamas füllen etwas Muttermilch in eine kleine Eiswürfelform und stecken einen Schnuller rein. Die Muttermilch gefriert um den Lutschteil des Schnullers, auf dem die Babys dann herumnagen können.
- Aus der Apotheke hilft kühlendes Zahngel mit leicht betäubenden Wirkstoffen. Das gibt es auch als homöopathische Version, manche Mamas schwören auf homöopathische Globuli. Lass dich am besten vor Ort beraten.
- Du kannst Zahngel auch selbst herstellen: Einfach einen Esslöffel Leinsamenöl mit einem Tropfen Kamillenextrakt verrühren. Die Mischung dann mit einem sauberen Finger auf die Kauleiste des Babys auftragen. Das lindert den Schmerz und wirkt entzündungshemmend.
- Und wenn du dafür empfänglich bist: Auch Bernsteinketten und Veilchenwurzel gelten als Zahnungshilfen.

Manche Zähne sind schmerzhafter als andere: Die Eckzähne (auch Augenzähne genannt, weil sie einen starken Druck auf die Augen ausüben, wenn sie durchbrechen) haben eine längere Wurzel. Auch die Backenzähne haben mehrere und stärkere Wurzeln. Wenn dein Baby starke Schmerzen hat oder Fieber bekommt, empfehlen Ärzte ein Zäpfchen oder Fiebersaft.

Mama-Tipps:

»Ich habe meinem Sohn das Zahngel kurz vorm Schlafengehen leicht auf das gerötete Zahnfleisch getupft und ihn noch auf meinem Finger herumkauen lassen. Das war offenbar besser als jeder Beißring.«

»Ich hatte das Gefühl, dass meiner Kleinen die Globuli sehr geholfen haben, dabei glaube ich überhaupt nicht an Homöopathie. Wenn ich die Streukügelchen in der Zahnphase mal nicht gegeben habe, hat sie gleich mehr geweint.«

Frage 56: Ab wann und wie sollte ich meinem Kind die Zähne putzen?

> *Ab welchem Alter habt ihr euren Kleinen die Zähne geputzt? Meine Maus ist neun Monate alt und hat vier Zähne. Man soll ja ab dem ersten Zahn putzen. Ich habe aber das Gefühl, wirklich niemand sieht das so streng.*

Es ist wichtig, dass man die Zahnpflege auch bei Babys ernst nimmt, und zwar – da haben alle, die das Gegenteil behaupten, unrecht – vom ersten Zahn an. In den ersten Jahren musst du als Mama für geputzte Zähne sorgen – aber du wirst deinem Kind einen riesigen Gefallen tun.

Darum ist Zahnpflege schon bei Babys so wichtig:

Auch wenn die Milchzähne wieder ausfallen, dein Kind benutzt sie viele Jahre. Da die Milchzähne noch keinen ausgereiften Zahnschmelz besitzen und recht weich sind, müssen sie täglich geputzt werden. Werden sie von Kariesbakterien befallen, können sich die nachwachsenden Zähne beim Durchbruch »anstecken«. Die ersten Zähne sind ein wichtiger Platzhalter für die nachrückenden. Wenn die Milchzähne beschädigt sind oder sogar ausfallen, kann das die Stellung der bleibenden Zähne verändern. Intakte Zähne sind auch wichtig für die Sprachentwicklung. Bei Zahnlücken im Frontbereich kann sich die Zunge zu weit nach vorn bewegen – das führt zu schärferen s- und z-Lauten. Diese ungünstige Zahnkonstellation kann außerdem zu einem offenen Biss führen. Das heißt: Die oberen und unteren Schneidezähne können sich nicht berühren.

Wenn die ersten Zähne da sind, kannst du einen Fingerling (aus dem Drogeriemarkt) zur Zahnpflege benutzen. Oder eine biegsame Bürste mit Silikonborsten, die auch gleich das empfindliche Zahnfleisch massiert. Am Anfang ist es laut Kinderzahnärzten auch okay, wenn die Kleinen nur auf der Bürste herumkauen und nicht ganz korrekt jeden Zahn putzen – außer es ist bereits Karies vorhanden.

Ab etwa einem Jahr sollte man morgens und abends mit Zahnpasta putzen. Die Zahnbürste sollte extra soft sein. Besonders, wenn die Kinder viel darauf herumkauen, musst du sie oft wechseln, spätestens aber alle drei Monate. Viele Mamas schwören bereits bei Kleinkindern auf elektrische Zahnbürsten, da die besonders gründlich reinigen. Kinderzahnärzte empfehlen Kindern bis zum vierten Lebensjahr allerdings das Putzen per Handzahnbürste, um die Materie zu lernen.

Du kannst als Mama aber mit der elektrischen Zahnbürste nachputzen, sobald alle Milchzähne vorhanden sind.

Zum Thema Zahnpasta:

Die empfindlichen Milchzähne benötigen Fluorid – aber nicht zu viel davon! Kinderzahnpasta für Kinder unter sechs Jahren sollte lediglich einen Fluorid-Anteil von 0,5 Milligramm (pro Gramm Zahnpasta) haben. Am besten verwendest du am Anfang nur eine reiskorngroße Menge Zahnpasta und steigerst sie langsam auf eine erbsengroße Portion.

Mama-Tipps:

»Sobald unsere Kleine den ersten Zahn hatte, habe ich ihr abends eine Zahnbürste in die Hand gedrückt – allerdings erst mal ohne Zahnpasta, nur mit Wasser. Sie hat natürlich nicht richtig geputzt, sondern nur ein bisschen drauf rumgekaut, aber so hat sie sich an das Ritual gewöhnt.«

Frage 57: Ich habe von einer neuen Zahnerkrankung gehört – der Mineralisationsstörung. Was ist das?

> *In der Kita-Gruppe meiner Tochter hat ein Kind richtig braun-gelbe Zähne. Ich habe die Mutter danach gefragt. Sie sagte mir, das sei eine relativ neue Zahnkrankheit, eine Mineralisationsstörung, die Kinder immer häufiger bekommen. Was kann man denn dagegen tun, oder wie kann man es vermeiden? Laut der Mama liegt es nämlich nicht an mangelnder Zahnpflege.*

Mamas machen sich meist große Vorwürfe, wenn sie die für die Mineralisationsstörung typischen gelben und braunen Flecken sehen, mit denen die Zähne ihrer Kinder überzogen sind. Haben sie doch zu viele Süßigkeiten erlaubt, die Flasche zu lange gegeben, nicht gründlich genug Zähnchen geputzt?

Nichts davon ist der Fall. Eine MIH – das ist der Fachbegriff – hat nichts mit der Zahnhygiene zu tun. Allerdings sind die betroffen Zähne extrem kariesanfällig und müssen gründlich gepflegt und alle drei bis sechs Monate vom Zahnarzt überprüft werden.

Woran erkennst du, ob dein Kind betroffen ist?

MIH ist die Abkürzung für Molaren-Inzisiven-Hypomineralisation. Molaren sind die Backen-, Inzisiven die Schneidezähne, weil genau diese Zähne meist betroffen sind. Hypomineralisation bedeutet, dass die härteste Substanz in unserem Körper, der Zahnschmelz, zu wenige Mineralien eingelagert hat und deshalb weich und porös ist. Er zerbröselt scheinbar, und das gelbliche Dentin darunter wird fleckig sichtbar. MIH kann bereits bei den Milchzähnen auftreten, aber auch erst bei den bleibenden Zähnen sichtbar werden. Im Gegensatz zu Karies, die ursprünglich gesunde Zähne befällt, brechen bei MIH die Zähne schon gelblich braun durch. Da die schützende Zahnschmelzschicht porös ist und leicht abplatzt, können die Zähne viel leichter Karies bekommen und sind oft sehr temperatur- und berührungsempfindlich, was das Zähneputzen für die Kinder zur Tortur machen kann. Aktuell nehmen die Fälle der Mineralisationsstörung MIH rasant zu. Deutschlandweit sind im Schnitt zehn bis vierzehn Prozent aller Grundschulkinder betroffen, Tendenz steigend. Man weiß bisher nicht genau, was die Ursache für diesen Zahnschmelzdefekt ist oder warum nur einzelne Zähne, und auch unterschiedlich stark, betroffen sein können. Es gibt viele Theorien, aber für jede Studie lassen sich auch wieder Gegenbeweise finden. Momentan gehen die Zahnärzte von einem Zusammenspiel vieler Faktoren aus. Unter den Verdächtigen sind Antibiotika und Weichmacher in Plastik (Bisphosphonate), Störungen im Mineralhaushalt, bedingt durch Mangelernährung oder bestimmte Erkrankungen, aber auch Dioxine beziehungsweise der Schadstoff PCB (polychlorierte Biphenyle) in der Muttermilch. Da die zahnbildenden Zellen sich bereits im letzten Drittel der Schwangerschaft ausbilden, sind auch Komplikationen unter der Geburt ein möglicher Auslöser – zum Beispiel Sauerstoffmangel beim Baby.

Das kannst du machen (lassen):
In leichten Fällen helfen Versiegelungen und spezielle Lacke, die der Zahnarzt alle paar Monate aufträgt. Verfärbungen lassen sich mit Kunststoffversiegelungen optisch verschönern. In schweren Fällen, wenn die Zähne sehr brüchig und angegriffen sind, müssen sie mit Füllungen stabilisiert oder überkront oder gar ganz gezogen werden. Beobachte auf jeden Fall die Zähne deines Kindes genau und lass sie früh beim Zahnarzt kontrollieren.

Frage 58: Mein Kind will nicht Zähne putzen – was hilft?

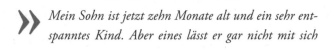

Mein Sohn ist jetzt zehn Monate alt und ein sehr entspanntes Kind. Aber eines lässt er gar nicht mit sich

machen: das Zähneputzen. Wir haben schon so viel versucht. Wenn ich ihm alleine die Zahnbürste gebe, kaut er auf der falschen Seite herum. Ich habe mit ihm zusammen geputzt und es ihm vorgemacht, aber da schaut er mich nur schief an. Da es anders nicht geht, muss ich ihn festhalten. Das endet immer als Drama, er drückt meine Hände weg, presst die Lippen zusammen und weint. Es belastet mich, ihn jeden Abend so ins Bett bringen zu müssen. Wie könnte es besser klappen? Nicht putzen ist für mich keine Alternative.

Der Großteil der Mamas macht durch, was du beschreibst – und ganz wenige sind konsequent. Wenn das Theater zu groß ist, gibt man gern mal auf und lässt den Kids ihren Willen. Manche Dinge müssen aber einfach sein – wie Zahnpflege.

Also die Zahnputzmuffel lieber mit diesen Tipps motivieren:
- Einen kleinen Spiegel in Babykopfhöhe auf die Fliesen kleben. So kann es sich beim Zähneputzen sehen. Es gibt auch kleine Babyplastikwaschbecken zum Aufsetzen auf den Badewannenrand.
- Ein Vorbild sein. Die Kleinen spiegeln dein Verhalten. Also zeig, wie viel Spaß du beim Zähneputzen hast.
- Gegenseitig Zähne putzen funktioniert auch oft.
- Probiere es mit einer Handpuppe bzw. einem Handschuh, die deinem Baby die Zähne putzen und erzähle dabei eine Geschichte. Darauf kann es sich jeden Tag freuen.
- Zwei bis drei Minuten monotones Putzen können ganz schön lang sein. Kaufe eine lustige Zahnputzuhr mit Geräusch.
- Singe einen Zahnputzreim oder ein Zahnputzlied (Ideen gibt es bei YouTube).

- Bei manchen Kindern hilft es, Bilderbücher zum Thema Zähneputzen anzuschauen.
- Kinderzahnärzte überlassen den Eltern die Entscheidung, ob sie das Zähneputzen auch vor dem Fernseher oder mit Hilfe von Zahnputzapps oder YouTube-Videos (z. B. das zähneputzende Krokodil) durchziehen. Das ist bei den meisten der letzte Ausweg, aber auch der, der am besten funktioniert. Lass dir kein schlechtes Gewissen machen. Wenn nur das hilft, dann ist das eben so.

Wenn dein Kind selbst putzen will, aber nur etwas auf der Bürste herumkaut oder kurz hin und her schrubbt, musst du mit- oder nachhelfen.

Mama-Tipps:

»Manche Firmen bieten Zahnputzlernsets an. Die haben bei meiner Tochter total geholfen. Sie hat sich so schon früh an die Bürsten gewöhnen können.«

»Mein Kleiner hat beim Zähneputzen immer das Gesicht verzogen. Daraufhin habe ich die Zahnpasta gewechselt. Wir benutzen jetzt eine mit Erdbeergeschmack, und – o Wunder – er meckert nicht mehr!«

»Wir jagen nach dem Essen die Reste im Mund. Ich sage dann so etwas wie ›Ohhh, hier sehe ich noch ein kleines bisschen Erdbeerjoghurt‹ und ›Hier hat eine kleine Maus etwas Käse versteckt!‹. Man muss ein Spiel daraus machen (und sich nur merken, was das Kind am Tag gegessen hat).«

Frage 59: Ich habe gehört, Muttermilch ist auch eine Art Heilmittel. Wofür kann ich es verwenden?

> *Ich habe vor ein paar Tagen eine Mama beobachtet, die ihrem Sohn ein paar Tropfen Muttermilch in die Nase geträufelt hat. Sie meinte, die Muttermilch helfe gegen Schnupfen. Stimmt das wirklich? Und wofür kann ich Muttermilch sonst noch zweckentfremden?*

Die Muttermilch wird oft als »flüssiges Gold« bezeichnet – und ja, sie hat viele heilende Kräfte. Aber lass dich nicht hinreißen, bei jeder Wunde, Krankheit und allen Wehwehchen damit zu experimentieren.

Hier hilft Muttermilch nachgewiesenermaßen:

- Für deine rissigen, wunden Brustwarzen nach dem Stillen: einfach etwas Milch daraufgeben und an der Luft trocknen lassen.
- Du kannst dein Baby darin baden. Eine ideale Methode, deine Milch nicht wegschütten zu müssen, wenn du etwa Medikamente nehmen und Milch abpumpen musstest. Die Muttermilch zaubert zarte Haut ohne jegliche Zusätze.
- Bei Kratzern: Du kannst kleine Wunden sogar mit Muttermilch reinigen und sie dann noch zur Heilungsförderung auftragen.
- Bei Mückenstichen oder Ameisenbissen: Auf die betroffene Stelle tupfen, so wird der Juckreiz gestoppt.

- Bei Babyakne oder wundem Po: Zuerst die auffälligen Hautstellen mit Wasser reinigen, dann Muttermilch auftragen und an der Luft trocknen lassen. Bei stärkerem Wundsein hat sich Zinksalbe besser bewährt.
- Bei Halsschmerzen: Ein Stillkind bekommt die Medizin direkt zum Dinner.
- Bei Durchfall oder Übelkeit: Muttermilch ist leicht verdaulich und gut verträglich für den Magen und schützt so vor Dehydration.

Viele Mütter schwören, dass Muttermilch auch bei Entzündungen, Warzen oder Windpocken hilft. So weit gehen Hebammen und Ärzte aber bei ihrer Empfehlung nicht.

In diesen Fällen solltest du lieber nicht experimentieren:
- Bei Augeninfektionen (Bindehautentzündung etc.). Hebammen warnen: Wenn dein Baby wirklich eine Bindehautentzündung hat, deren Ursache Bakterien sind, ist deine Muttermilch eher kontraproduktiv. Durch den hohen Zucker- und Proteingehalt kann das Einnisten von Bakterien besonders gefördert werden.
- Bei leichtem Schnupfen, um die Nase freizubekommen. Hebammen begründen: Muttermilch ist durch den hohen Zuckergehalt sehr klebrig und verstopft die Nase eher. Für Augen und Nase kann Kochsalzlösung aus der Apotheke (NaCl 0,9 %) benutzt werden.
- Bei Ohrinfektionen. Auch hier ist Vorsicht geboten, da nicht klar ist, ob Bakterien im Spiel sind.
- Auch bei offenen Wunden im Genitalbereich deines Babys ist Muttermilch nicht geeignet.

Mama-Tipps:

»Während der Stillzeit habe ich die Muttermilch auch für meine unreine Haut genutzt. Jeden Morgen und Abend habe ich mein Gesicht mit einer milden Seife gereinigt, anschließend habe ich ein Wattepad mit Muttermilch beträufelt und mir das Gesicht damit abgetupft. So tolle Haut hatte ich nie wieder.«

»Nach der Stillzeit habe ich noch eingefrorene Muttermilch in der Tiefkühltruhe entdeckt. Ich hab sie einfach für mich als Badezusatz benutzt.«

Frage 60: Mein Baby spuckt nach jeder Mahlzeit. Wie kann ich ihm helfen?

> *Meine Kleine ist jetzt vier Wochen alt, und sie spuckt nach jeder Mahlzeit. Schmeckt ihr vielleicht meine Milch nicht? Oder stimmt etwas mit ihrem Schluckverhalten nicht? Außerdem bin ich total beunruhigt, weil ich gar nicht weiß, wie viel Milch jetzt tatsächlich in ihrem Magen landet. Es ist wirklich viel, was da jedes Mal ihren Body und Strampler und mein T-Shirt durchtränkt. Geht das irgendwann weg?*

»Speikinder sind Gedeihkinder« lautet eine alte Hebammenweisheit. Die bedeutet, dass dein Kind viel trinkt – manchmal etwas mehr, als der kleine Magen vertragen kann. Und genau den Schluck, den es »über den Durst getrunken hat«, spuckt es dann wieder aus. Meist sind es nur fünfzehn Milliliter, die sehen aber oft nach viel mehr aus, denn der Milch ist eine Menge Speichel beigemischt. Zum Glück ist das aber in den meisten Fällen nur ein Wäscheproblem und nichts, weshalb du dir Sorgen machen musst. Solange dein Kind gut drauf ist, sich entwickelt und weiter zunimmt, bekommt es genug Nahrung und Nährstoffe. Zwei Drittel aller Babys leiden unter Reflux[8], so lautet der medizinische Begriff. Bei ihnen ist der Muskel, der verhindert, dass der Mageninhalt zurück in die Speiseröhre läuft, noch nicht komplett ausgebildet. Er braucht einfach Zeit, kräftiger zu werden – spätestens bis zum ersten Geburtstag ist das bei fast allen Kindern geschafft.

Bis dahin kann es aber bei einem ausgeprägten Reflux ein harter Weg sein – für Mama und Baby. Wenn viel vom Mageninhalt zurückfließt, tut das dem Baby weh – wie weh, weiß jeder, der in der Schwangerschaft mit Sodbrennen zu kämpfen hatte. Die Babys überstrecken sich dann, um die Speiseröhre etwas zu verlängern und das Hochkommen der Nahrung zu verhindern, und weinen nach jedem Trinken.

Da besonders die gierig trinkenden Babys oft spucken, empfehlen Hebammen kleine Pausen beim Stillen (etwa bevor du die Brust wechselst). So kann dein Baby die Mahlzeit erst mal sacken lassen. Versuche in den ersten Anlegeminuten, dein Baby nicht von unten an die Brust anzulegen, sondern von oben (Hebammen sprechen von »über dem Niveau deiner Brustwarze«). So kann das Baby den Milchfluss besser regulieren. Kann es allerdings gefühlt gar nichts schlucken und erbricht, ist weinerlich und nimmt nicht zu, musst du dringend zur Kinderärztin. Dann kann eine Refluxstörung die Ursache sein.

Mama-Tipps:
»Bei uns ist es sofort besser geworden, als wir aufgehört haben, im Liegen zu stillen.«

»Ich habe mein Baby erhöht trinken lassen, erhöht schlafen lassen und viel aufrecht im Tuch getragen. Das hat ein wenig geholfen. Richtig besser wurde es aber erst, als wir mit Brei angefangen haben.«

Frage 61: Was kann ich gegen den wunden Po meines Babys tun?

> *Mein sechs Monate altes Baby ist ganz wund am Po – das kam von heute auf morgen. Ich wechsle die Windeln recht oft und versuche auch, meine Tochter manchmal einfach nackt liegen zu lassen. Welche Tipps gibt es noch?*

Dein Baby weint oft genug, ohne dass du genau weißt, was es hat. Bei einem wunden Po ist das anders. Da blinkt dich der Unruhestifter krebsrot aus der Windel an.

In erster Linie entsteht er durch hautreizende Stoffe in Urin und Stuhl. In Kombination mit dem feuchtwarmen Klima in der Windel greifen diese Stoffe die Haut an und können zu Rötungen, Schuppen, Bläschen und nässenden Stellen führen.

Mögliche Ursachen für einen wunden Po (Windeldermatitis):
- Dein Baby hat Durchfall (der Po wird durch den vermehrten Stuhlgang gereizt).

- Der Urin ist säurehaltiger als sonst, da dein Baby auf scharfe oder säuerliche Nahrung reagiert, die es direkt oder per Muttermilch bekommt (z. B. Zitrusfrüchte, scharfe Gewürze, Kuhmilch). Oder eine Nahrungsumstellung ist erfolgt (Beikosteinführung).
- Die Einnahme von Antibiotika oder anderen Medikamenten hat die Darm- und Hautumgebung verändert.
- Dein Baby reagiert allergisch auf eine Windelmarke oder ein Pflegeprodukt.
- Die Zähne kommen, und dein Baby ist anfälliger für Hautrötungen bzw. hat häufiger weichen Stuhl.
- Dein Baby ist krank. Bei einem leichten Infekt kann Haut auch mal mitreagieren.

SOS-Tipps bei einem wunden Po:
- Halte die Babyhaut möglichst trocken: Sofort Windeln wechseln, wenn etwas drin ist. Es tut deinem Baby auch wahnsinnig gut, mal »unten ohne« an der Luft zu strampeln.
- Lass die Feuchttücher weg. Stell dir eine Plastikschüssel, eine Thermoskanne mit lauwarmem Wasser und einen Waschlappen an den Wickeltisch – und reinige damit den Windelbereich deines Babys. In das Wasser kannst du noch einen Schuss Öl geben.
- Wasser abweisende Wundschutzcremes mit Zinkanteil, gerne auch in Verbindung mit Harnstoff, können helfen. Salben auf Basis von Ringelblume (Calendula), Beinwell oder Lavendel beruhigen die gereizte Haut.
- Heilwolle oder Windeleinlagen aus Bourette-Seide beruhigen und halten gut trocken.
- Kalter Schwarztee enthält Gerbstoffe, die für die Wundhei-

lung hilfreich sind. Der Tee muss lange ziehen, bis er eine kräftige Farbe hat. In den abgekühlten Tee tauchst du Mullkompressen, drückst sie aus und tupfst damit die entzündete Haut mehrmals täglich ab.
- Eichenrindensitzbäder aus der Apotheke lindern den Juckreiz und führen zu einer schnelleren Heilung.

Keine Sorge: In der Regel helfen diese Mittel schnell. Wenn die Rötung nicht abklingt oder du offene Wunden siehst, geh auf jeden Fall zum Arzt. Vor allem, wenn die Rötung nicht mehr scharf begrenzt ist und sich Knötchen, Bläschen oder Krusten bilden. Dann macht deine Kinderärztin gegebenenfalls einen Abstrich. Es könnte sich nämlich um einen bakteriellen Infekt oder eine Pilzinfektion handeln.

Mama-Tipps:

»Wir hatten ständig mit einem wunden Po zu tun. Ich habe dann die Feuchttücher gewechselt – wir haben jetzt ganz pure, ohne irgendwelche Zusatzstoffe. Seitdem ist es besser.«

»Ich kann dir auf jeden Fall sagen, was du nicht tun solltest: Ich wusste nicht, dass man Heilwolle nicht benutzen darf, wenn offene Stellen zu sehen sind. Das hat mir erst die Kinderärztin gesagt.«

Frage 62: Mein Kind ist erkältet. Welche Hausmittel kann ich meinem Kind geben?

> Meine Tochter ist sechs Wochen alt und hat zum ersten Mal eine leichte Erkältung. Ich habe mir in der Apotheke Anisbutter anrühren lassen und ihr etwas davon unter die Nase gerieben. Hat leider nicht geholfen. Vor Nasentropfen schrecke ich noch zurück, sie ist ja noch so klein. Was kann ich denn sonst bei Erkältung geben?

Babys haben im ersten Lebensjahr sehr häufig einen harmlosen Schnupfen (Rhinitis). Sie haben noch sehr kleine innere Nasengänge, und ihre Nasenschleimhaut schwillt extrem schnell an. Da Babys sich leider noch nicht die Nase putzen können, sammelt sich der Schleim über längere Zeit in der Nase.

Meist ist der Schnupfen harmlos, aber lästig. Oft helfen Hausmittel bei Schnupfen und leichter Erkältung:

Schnupfen:
- Biete deinem Kind immer wieder zu trinken an, damit es ausreichend Flüssigkeit zu sich nehmen kann, um den Schleim zu verflüssigen.
- Isotone Kochsalzlösung (NaCl) aus der Apotheke in das Näschen geben.
- Nasensauger befreien die Nase von Sekreten (vorher die Nase mit Kochsalzlösung befeuchten).
- Um deinem Baby beim Schlafen das Atmen zu erleichtern, kannst du das Kopfteil der Matratze erhöhen, indem du eine dünne Decke oder einen schmalen Ordner darunterlegst.
- Das Einatmen von feuchter Luft hilft, den Schleim zu lösen.

Du kannst dein Kind warm baden. Als Badezusatz kannst du Thymianölbad verwenden. Dazu unbedingt die Altersempfehlung auf der Packung berücksichtigen!
- Alternativ kannst du nach einer heißen Dusche von Papa oder dir bei geschlossener Tür bis zu fünfzehn Minuten mit deinem Baby im Badezimmer voller Wasserdampf verbringen.
- Auch frische Luft tut gut – vorausgesetzt, das Baby ist schön warm eingepackt.
- Hänge feuchte Tücher über die Heizung, das erhöht die Luftfeuchtigkeit. Ideal: Vorher noch ein paar Tropfen Thymianöl daraufgeben. In diesem Fall ist das ätherische Öl okay, da es nicht direkt an dein Kind kommt und stark verdünnt ist.

Husten:
- Thymian-Myrte-Balsam (ohne ätherische Öle) aus der Apotheke kannst du ganz dünn auf Brust und Rücken einmassieren.
- Husten- oder andere lauwarme Teemischungen (wie Kamille). Sprich unbedingt mit dem Apotheker, welche Kräutermischungen für das Alter deines Babys geeignet sind.
- Wenn dein Baby älter als zwölf Monate ist, kannst du ihm einen halben Teelöffel Honig geben. Der beruhigt den Hals und lindert den Husten(reiz).

Frage 63: Ab welcher Temperatur hat mein Baby Fieber?

Ab wann haben Babys Fieber, und was ist »nur« erhöhte Temperatur? Meine Tochter ist jetzt drei Monate

alt. Es ist mein erstes Kind, und ich mache mir Sorgen, weil ihr Kopf sich extrem warm anfühlt. Sie ist fit, aber nicht ganz so fröhlich wie sonst.

Du wirst noch oft Fieber messen müssen und schnell routinierter sein. Bei kleinen Babys können Abweichungen von 0,5 Grad entscheidend sein. Laut Kinderärzten ist daher die rektale Messung, also im Po, mit einem Digitalthermometer am genauesten.

Am besten gibst du einen Hauch Vaseline oder Hautcreme auf die Spitze des Thermometers, so lässt es sich angenehmer einführen. Bis 37,5 Grad ist die Körpertemperatur normal, bis 38,5 Grad spricht man von erhöhter Temperatur, darüber deutet alles auf eine Erkrankung mit Fieber hin. Bei Säuglingen bis zu drei Monaten solltest du auch schon 38 °C von der Kinderärztin abklären lassen, nach dem dritten Monat ab 38,5 °C. Mit Fieber aktiviert das Immunsystem deines Kindes die Abwehrmechanismen in seinem Körper. Prinzipiell ist das ein gutes Zeichen. Oft wird Fieber fälschlicherweise als die Krankheit angesehen, dabei bekämpft der Körper mit Hilfe von Fieber nur den eigentlichen Infekt (z. B. eine Halsentzündung). Eine Erkrankung, bei der anfangs keine klare Ursache für das Fieber gefunden werden kann, ist das Dreitagefieber. Das tritt häufig im ersten Lebensjahr auf. Dabei bekommt dein Baby bis zu 40 Grad Fieber ohne Begleiterscheinungen wie Husten etc. Du weißt erst sicher, dass es sich um das Dreitagefieber handelt, wenn die Temperatur nach den besagten drei Tagen auf Normaltemperatur absinkt und ein Hautausschlag auftritt.

Du musst mit deinem Baby zum Arzt,
- wenn das Fieber länger als vierundzwanzig Stunden anhält,

- wenn das Fieber trotz Zäpfchen oder anderer Maßnahmen nicht binnen einer Stunde sinkt,
- wenn sich die Atemfrequenz erhöht oder du das Gefühl hast, dein Baby hat Atemnot (dann sofort!),
- wenn Begleiterscheinungen wie Durchfall, Teilnahmslosigkeit, Erbrechen, ein Ziehen an den Ohren oder Hautausschlag auftreten,
- wenn dein Baby einen Fieberkrampf hat (ggf. Notarzt rufen),
- wenn das Fieber gesunken ist, dein Baby aber immer noch schwach und krank wirkt.

Bei Fieber solltest du vor allem schauen, dass dein Kind genug trinkt. Gelegentlich kannst du ihm die Stirn mit einem feuchten Lappen abtupfen. Das Wasser dafür muss Zimmertemperatur haben! Und natürlich ist Kuscheln mit Mama immer die beste Medizin.

Mama-Tipps:

»Meine Kinderärztin erklärte mir, dass man bei Fieber die Stellen kühlen sollte, die heiß sind, und die Stellen wärmen, die kalt sind. D. h., dass Wadenwickel nur Sinn machen, wenn die Waden/Füße heiß sind. Und immer nur Wasser mit Zimmertemperatur verwenden.«

»Wir haben ein spezielles Babyfieberthermometer. Es hat eine flexible Spitze und ist für das Kind angenehmer. Vor allem, wenn es sich doch plötzlich bewegt.«

Frage 64: Mein Baby hat Durchfall – was kann ich tun?

> *Mein Kleiner ist zehn Monate alt und hat zum ersten Mal einen Magen-Darm-Infekt. Ich achte darauf, dass er viel trinkt. Habt ihr noch Tipps für mich, was ihm helfen könnte?*

Durchfall kann viele Ursachen haben: Er kann Folge einer Nahrungsmittelunverträglichkeit, die Nachwirkung einer Impfung oder Begleiterscheinung beim Zahnen sein. Häufig ist allerdings eine infektiöse Darmerkrankung, die meistens durch Viren hervorgerufen wurde, der Auslöser. Durchfall ist es erst, wenn dein Baby sehr häufigen, extrem flüssigen und ungewöhnlich übel riechenden Stuhl hat, der auch noch Schleim enthalten kann. Mögliche Begleiterscheinungen sind Fieber, Bauchschmerzen, Appetitlosigkeit und als Folge Gewichtsverlust.

Bei einem Stillbaby hast du es oft gar nicht so leicht, Durchfall erst mal als solchen zu identifizieren, bei ihnen ist der Windelinhalt fast immer weich und flüssig. Stillkinder haben übrigens seltener Durchfall als Flaschenkinder[9]. Kinderärzte führen das auf die abwehrfördernden Eigenschaften der Muttermilch zurück.

Schau, wie es deinem Kind geht: Hat es »nur« flüssigen Stuhl – dann kannst du es erst mal weiter beobachten. Oder geht es ihm auch allgemein schlecht, hat es Schmerzen? Dann ab zum Arzt. Achte auch auf Zeichen von Dehydrierung: Durch den häufigen Stuhlgang verliert dein Baby Wasser. Zeichen dafür sind wenig

Durst, Unruhe, tief liegende Augen, trockene Lippen und dass deinem Baby kaum noch Tränen kommen, wenn es weint. Eine eingesunkene Fontanelle ist ein Alarmzeichen, genauso wie dieser Test: Ziehe mit Daumen und Zeigefinger die Haut am Bauch deines Babys etwas nach oben. Wenn sie kurz stehen bleibt oder nur sehr langsam zurücksinkt, ist dein Baby wahrscheinlich dehydriert. Lass sofort die Kinderärztin nachschauen. Auch wenn dein Baby Temperatur hat, musst du zum Arzt. Noroviren sind häufig die Übeltäter, aber besonders hartnäckig ist das Rotavirus. Das erkennst du oft – aber nicht immer – am giftgrünen Stuhl, gepaart mit Schleim. Außerdem riecht der Durchfall ganz extrem. Das Rotavirus ist laut Kinderärzten eine der häufigsten Ursachen für einen Krankenhausaufenthalt bei Babys. Daher gibt es auch eine Impfung gegen dieses Virus. Es kann zu einer gefährlichen Dehydrierung führen und ist meldepflichtig.

Wenn dein Kind schon Breimahlzeiten isst: Gib ihm Fenchel-Anis-Kümmeltee, am besten mit einer Prise Salz und etwas Traubenzucker angereichert. Wenn dein Kind wenig trinkt, kann ein Elektrolytgemisch aus der Apotheke, das Salz- und Wasserverluste wieder ausgleicht, helfen.

Bekommt dein Baby ausschließlich die Flasche oder wird nur gestillt, füttere oder stille ganz normal weiter. Nicht ohne Absprache mit dem Arzt etwas außer der Reihe geben.

Mama-Tipps:

»Ich gebe meinem Kind bei Durchfall immer einen geriebenen Apfel. Diesen lasse ich kurz stehen, bis er anfängt, leicht braun zu werden. Durch das Reiben des Apfels entsteht Pektin. Das hilft super gegen Magen-Darm-Beschwerden.«

»Meinem Kind half gegen Durchfall Banane. Einfach in die Hand drücken und essen lassen.«

Frage 65: Gibt es eine allgemeingültige Regel, wann ich mit meinem Kind zum Arzt muss?

> *Manchmal weiß ich nicht, ob ich mir zu viele Sorgen um mein Baby mache. Es ist gerade drei Monate alt und weint oft. Aber ich bin so unsicher – vielleicht ist es irgendwie krank? Daher meine Frage: Gibt es Anzeichen oder Regeln, wann man mit seinem Kind sofort zum Arzt gehen sollte?*

Wie schön es doch wäre, wenn Babys direkt nach der Geburt sprechen könnten. Es müssten ja nicht gleich ganze Sätze sein – die Wörter »Hunger, Pipi, kalt, aua« würden reichen.

Je mehr Zeit du mit deinem Kind verbringst, desto eher weißt du, wann das Schreien nicht mehr normal, sondern auffällig ist. Du bist seine Mutter. Wenn du das Gefühl hast, deinem Baby geht es nicht gut, achte auf diese Anzeichen:

- Wenn es matt und teilnahmslos (lethargisch) auf dich wirkt.
- Wenn dein Säugling strikt (das Essen und) das Trinken verweigert.
- Wenn sich das Augenweiß oder die Haut gelb verfärbt.
- Wenn es einen wunden Po hat, der nicht heilen will.
- Wenn es rote Hautstellen/Ausschlag oder andere äußere Auffälligkeiten vorweist.

- Wenn es Blut im Urin oder im Stuhl hat, aus den Ohren blutet oder blutigen Schleim hustet.
- Wenn es auffällig erbricht.
- Wenn dein Baby hartnäckigen Schnupfen oder länger andauernden Husten hat (und diese Beschwerden auch den Schlaf beeinträchtigen).
- Wenn der Husten bellend oder tief klingt – oder mit blutigem Auswurf oder Atemunregelmäßigkeiten einhergeht.
- Wenn dein Baby sehr weinerlich ist, schreit oder jammert und irgendwie unglücklich wirkt.
- Wenn dein Säugling bis zu drei Monate alt ist und 38 °C Fieber hat. Nach dem dritten Monat solltest du Temperaturen ab 38,5 °C abklären lassen.

In diesen Fällen solltest du ins Krankenhaus fahren oder den Notarzt rufen:
- Dein Baby atmet schwer und kann nur mühsam Luft holen. Und du siehst, dass es sich nicht nur um eine verstopfte Schnupfennase handelt.
- Es schreit schrill und wirkt panisch.
- Bei über 40 Grad Fieber oder einen Fieberkrampf.

Mama-Tipps:

»Wenn du das Gefühl hast, es stimmt was nicht, geh mit deinem Schatz zum Arzt. Lieber einmal zu viel als einmal zu wenig. Du wirst auch merken, wie du mit der Zeit und mehr Erfahrung besser einschätzen kannst, ob es wirklich krank ist.«

»Ich gehe mit meinem Kind nicht wegen jeder kleinsten Erkältung zum Arzt. Wenn sie Fieber hat, aber super drauf ist, lasse ich sie fiebern und gebe ihr ausreichend Flüssigkeit. Trinken ist das A und O.«

Frage 66: Was kann man gegen Schwangerschaftsstreifen tun?

Ich habe eine Frage zu meinen Dehnungsstreifen. Seit der Schwangerschaft ist meine Haut stark gerissen. Mein Sohn ist jetzt vier Monate alt, und es wird nicht besser. Ich habe viele Cremes und Öle ausprobiert. Ich bin stolz, Mama zu sein. Aber in einem Bikini würde ich mich nicht wohlfühlen. Gibt es irgendetwas, was hilft?

Es gibt Mamas, die lieben ihre »Tigerstreifen«. Sie erinnern sie an ihre Stärke, dass ihr Körper diese Anstrengung gemeistert und ein kleines Kind hat wachsen lassen. Leider kann das nicht jede Frau so positiv sehen. Wenn du unter den Streifen leidest, ist das absolut legitim.

Leider kannst du nichts tun, um die Risse vollständig verschwinden zu lassen. Das Gewebe ist an diesen Stellen vernarbt, und Narben kann man leider nicht wegcremen, weil sich die Hautstruktur an diesen Stellen verändert hat. Es gibt Narbengels und -cremes, die die Kollagenbildung anregen – das Kollagen muss sich neu bilden, um die Risse zu reparieren. Leichte Massagen regen die Durchblutung an, das hilft ebenfalls bei der Kollagenbildung.

Auch die Zeit hilft: Nach etwa einem Jahr werden die Streifen heller und schmaler. Wenn sie einen nicht mehr so rot anleuchten, können sich die meisten Mamas auch mit ihnen anfreunden.

Auch die ästhetische Medizin kann unterstützen: Laserbehandlungen können die Schwangerschaftsstreifen zwar nicht verschwinden lassen, aber wenigstens etwas kaschieren. Auch ein Dermaroller kann helfen. Mit den Stichen mikrofeiner Nadeln täuscht er der Haut Verletzungen vor, ohne jedoch wirklich das Gewebe zu zerstören. Die Haut produziert verstärkt Kollagen, erneuert sich von innen heraus und wird straffer und fester.

Vor und während deiner (zweiten) Schwangerschaft kannst du deine Haut mit viel Bewegung und reichhaltigen Bodylotions oder Ölen geschmeidig halten – allerdings ist das keine Garantie, dass keine neuen Streifen dazukommen. Das hat viel mit deinen genetischen Voraussetzungen zu tun.

Mama-Tipps:

»Inzwischen bin ich so stolz drauf! Denn auch wenn mein Sohn schon im Kindergarten ist oder mit achtzehn auszieht – er wird immer bei mir sein. Und jeder, der meint, das wäre hässlich, soll erst einmal neun Monate schwanger sein, einen Kaiserschnitt überstehen und so einen Zwerg großziehen.«

»Um sie abzuschwächen, hilft nur: Sonne meiden, die Stellen viel eincremen (ich mache auch noch einmal pro Woche ein Ölbad) und vor allem viel Geduld.«

Frage 67: Ich bin mit meinem Aussehen nach der Geburt unzufrieden. Wie kann ich mich wieder wohl in meinem Körper fühlen?

> *Seit der Geburt meiner Tochter vor einem halben Jahr habe ich das Gefühl, in einem anderen Körper zu wohnen. Nichts sieht mehr so aus wie früher: Nach dem Abstillen ist mein Busen um eine Körbchengröße geschrumpft, dafür habe ich an Hüfte und Po einige Kilos mehr. Mein Bauch war zwar nie straff und flach, aber jetzt ist es noch schlimmer. Was kann ich tun, um mich wieder wohlzufühlen?*

Die After-Baby-Body-Debatte spaltet Mamas oft in zwei Lager: Die eine Hälfte sieht die Zusatzkilos, Schwangerschaftsstreifen und den hängenden Busen als Narben, die das Leben gezeichnet hat – und als geringen Preis für das größte Geschenk überhaupt. Die andere Hälfte hat ihre Kinder kein bisschen weniger lieb, leidet aber trotzdem heftig unter den körperlichen »Nebenwirkungen« von Schwangerschaft und Geburt. Natürlich ist es einerseits eine Typfrage, wie jemand damit umgeht. Andererseits ist das Spektrum der körperlichen Blessuren auch sehr breit gefächert. Laut Frauenärzten haben immer öfter gerade jüngere Mütter härter mit den »Nachwirkungen« zu kämpfen – wohingegen ältere Mütter ihren neuen Körper gelassener hinnehmen. Jede Frau hat ihr ganz eigenes Empfinden, wenn es um ihren Körper geht. Deshalb hat dir auch niemand vorzuschreiben, wie du zu finden hast, dass du nicht mehr so aussiehst wie vor der Geburt. Es ist dein Körper, dein Leben, du musst dich wohlfühlen. Aber viele erfahrene Mamas können dir sagen: Oft hilft tatsächlich der Zeitfaktor. Dunkelrote oder sogar lilafarbene Schwangerschaftsstreifen verblassen. Wenn das erste Jahr überstanden ist, hast du langsam wieder mehr Zeit für dich – und Sport.

Aber auch während dieser ersten Zeit musst du an dich denken und gut zu dir sein. Versuche, so viel wie möglich zu schlafen, auch wenn das bedeutet, mit deinem Baby ins Bett zu gehen. Gönne dir kleine Auszeiten wie eine Maniküre oder einen Friseurbesuch, auch wenn du das Gefühl hast, es sehe dich doch eh keiner. Auch der Busen ist ein großes Thema. Zur Stillzeit war er voll und prall. Nach dem Abstillen bildet sich der Drüsenkörper wieder zurück – und die Brust sieht aus wie »leer getrunken«. Bis sich die Brust wieder komplett zurückgebildet hat, kann es Jahre dauern. Sag dir immer wieder, was dein Körper Unglaubliches geleistet hat. Sei stolz auf ihn und lass dich lieber von starken Mamas inspirieren als von perfekt retuschierten Promibildern.

Wenn nichts hilft, der Leidensdruck extrem hoch ist und für dich ein (minimal-)invasiver Eingriff die einzige Lösung zu sein scheint, dann ist es eben so. Niemand hat das Recht, dich dafür zu verurteilen. Die Hauptsache ist, dass du deinen Weg findest, um mit deinem Körper wieder ins Reine zu kommen und dich gut und schön zu fühlen.

Mama-Tipps:
»Ich habe mir die Zeit gegeben, um meinen alten Körper zu trauern. Dann habe ich meinen neuen Körper akzeptiert. Und ab da fiel es mir plötzlich leicht, etwas für ihn zu tun. Nicht weil ich schlank sein wollte, sondern weil ich gut zu meinem

Körper, zu mir sein wollte – und gesund bleiben will für mein Baby. Gut zu essen und mich zu bewegen ist inzwischen keine Belastung mehr, sondern macht Spaß. Auch wenn es sich irgendwie esoterisch anhört – wenn man seine Einstellung ändert, lösen sich manche Probleme gleich mit.«

»Mir ging es genau wie dir. Meine Rettung: Ich habe eine Freundin gefunden, die auch gerade Mama geworden war. Ich finde sie wunderschön und mache ihr immer Komplimente, obwohl ihr Körper die gleichen ›Makel‹ hat wie meiner. Umgekehrt ist es genauso. Es tut so gut, jemanden zu haben, der weiß, wie man sich fühlt.«

Frage 68: Ich schwitze sehr stark. Was ist los mit mir?

> *Seit der Geburt schwitze ich extrem, und mein Schweiß riecht auch ganz anders. Mein normales Deo kommt gar nicht mehr dagegen an, selbst ein Antitranspirant hilft nicht wirklich. Ich habe richtige Schweißflecken unter den Armen. Nachts ist es besonders schlimm. Was ist denn los mit mir?*

Dieses Problem kennen fast alle Mütter in der Wochenbettphase. Auch die, die früher in dicker Strickjacke und mit Wollsocken bibbernd vor der Heizung saßen, bekommen in den ersten Wochen nach der Geburt Schweißausbrüche, wenn sie nur ein langärmeliges Shirt tragen. Die plötzlichen Hitzewallungen liegen an der Hormonumstellung. Hebammen sprechen auch von einer Art »körpereigenem Reinigungssystem« nach der Geburt. Der Körper stellt wieder auf »nicht schwanger« um, und es liegt ein Östrogenmangel vor. Noch dazu hast du das Gefühl, viel strenger als vorher zu riechen. Auch wenn die netten Menschen in deinem Umfeld dich nicht verunsichern wollen und dir sagen, das sei nicht der Fall – leider ist das meist tatsächlich so.

Die gute Nachricht: Nach etwa zwei Wochen ist die schlimmste Zeit des Schwitzens überstanden. Danach wird es stetig besser. Bei Frauen, die nicht stillen, normalisiert sich das Schwitzen nach ungefähr vier Wochen, bei allen anderen mit dem Abstillen. Hebammen empfehlen, täglich die dreifache Menge von dem zu trinken, was du normalerweise zu dir nimmst. So kannst du den Vorgang beschleunigen.

Du kannst also nicht wirklich was dagegen tun, aber natürlich musst du dich wohlfühlen. Wechsle häufig dein Shirt. Dusche kurz mehrmals täglich, wenn dir danach ist.

Mama-Tipps:

»Meine Hebamme hat gesagt, durch das viele Schwitzen scheide der Körper die Wassereinlagerungen wieder aus. Das hört von alleine wieder auf. Wenn du nicht (mehr) stillst, helfen Salbeitee und Natronpuder unter den Achseln.«

»Ich kann Wechselduschen empfehlen. Außerdem habe ich ein Spezialdeo in der Apotheke gekauft.«

Frage 69: Ich möchte meine Schwangerschaftskilos loswerden – nur wie?

> *Ich versuche seit der Geburt meiner Tochter vor vier Monaten, abzunehmen, aber ich bekomme es einfach nicht hin! Ich bin auch oft so gestresst, dass ich einfach alles in mich hineinstopfe, was ich zu Hause habe. Ich leide sehr darunter. Wie habt ihr eure Schwangerschaftspfunde verloren?*

In der Schwangerschaft zuzunehmen ist normal und auch gesund. Vor allem ist es gesellschaftlich akzeptiert. Im Gegensatz zu der Zeit nach der Schwangerschaft – da hat man manchmal das Gefühl, man müsse innerhalb weniger Wochen zur Ausgangsfigur zurückschrumpfen, sonst lasse man sich gehen. Zuerst einmal: Lass dir von niemandem etwas Derartiges einreden! Aber auch wenn keine Kommentare von außen kommen: Viele setzen sich selbst unter Druck, sind frustriert – anderen gelingt es doch auch! Viele Mamas brauchen ein Jahr oder länger, um ihre Figur zurückzubekommen, anderen gelingt es nie. Es ist aber auch schwer! Du hast viel weniger Zeit und mit einer körperlichen Abgespanntheit in ganz anderem Ausmaß zu kämpfen. Mal ganz zu schweigen von der Motivation. Nach nur fünf Stunden Schlaf (in acht Etappen), zwei Spaziergängen, achtmal Füttern und eventuell nervenaufreibenden Schreiphasen willst du dich verständlicherweise nur noch auf die Couch legen – und nicht auf die Yogamatte. Die eigentliche Herausforderung besteht darin, deinen Tagesablauf so umzuorganisieren, dass Sport und gesunde Ernährung langfristig darin Platz haben – ohne das Leben noch anstrengender zu machen.

Ernährung

Man hört immer wieder, dass beim Stillen die Pfunde von allein purzeln. In der Theorie stimmt das: Du hast dabei einen zusätzlichen Kalorienverbrauch von vierhundert bis sechshundert Kalorien pro Tag. Dafür hat der Körper während der Schwangerschaft extra Fettpolsternotreserven angelegt. Am deutlichsten solltest du den Gewichtsverlust ab dem vierten Monat nach der Geburt sehen. Im echten Leben läuft das nicht bei jeder Mama so. Zwar verbraucht man mehr Kalorien, viele Mamas haben aber auch einen großen »Stillhunger« – besonders auf ungesunde Sachen wie Schokolade.

Dass Schoki und Fast Food mehr Kalorien als Salat und gedünsteter Fisch haben, ist jedem klar. Es lässt sich aber im Stress auch schneller essen als Gemüse, das man erst schnippeln und kochen muss. Das ist dein Dilemma. Aber du wirst immer einen Grund finden, warum es nicht geht. Triff eine bewusste Entscheidung, und dann geht es los – erst einmal damit, mehr gesundes Essen in deinen Alltag zu integrieren, nicht, eine Diät anzufangen.

Starte beim Einkauf: Wenn Schokolade und Co. nicht im Haus sind, kannst du sie auch nicht essen. Kaufe frisches Obst und Gemüse, Vollkornprodukte, Nüsse, Getreide, fettarme Milchprodukte und Fisch. All das ist nicht nur gesund, sondern auch ideale Stillkost. Genügend Ballaststoffe, Magnesium, Vitamin B6, Zink und Folsäure sind wichtig. Und mindestens zwei Liter am Tag trinken – natürlich keinen puren Saft, sondern Wasser oder Tee. Versuche vorzukochen, dann hast du schneller etwas zu essen parat. Bitte deinen Partner, dich zu unterstützen. Erzähle deinen Freunden davon, damit sie dir nichts anbieten, was dich in Versuchung bringt. So ist der Anfang gemacht. Such dir nach dem Abstillen einen Weg, der zu dir passt. Manche finden Low Carb am besten, andere lieben Apps mit striktem Sport- und Rezeptplan.

Wichtig: Frauenärzte warnen vor Diäten oder Fastenkuren während der Stillzeit, unter 1.500 kcal pro Tag kann deine Muttermilchmenge zurückgehen. Auch die Zusammensetzung wird negativ beeinflusst, wenn du hungerst.

Wichtig: Übergewichtige Frauen sollten eine Diät immer mit Hilfe von Ernährungsberatern und Ärzten durchführen.

Sport

Du musst und darfst nicht direkt nach der Geburt ins Fitnessstudio. Dein Körper braucht erst mal eine Regenerationspause, um die gewebeauflockernden Hormone abzubauen. Frühestens sechs bis acht Wochen nach der Geburt solltest du ganz langsam mit Rückbildungsgymnastik starten.

Diese Sporteinheiten zahlt deine Krankenkasse. Dein Baby darfst du meistens mitbringen, oder es gibt eine Babybetreuung. Alternativ gibt es auch Abendkurse, wenn der Partner vielleicht übernehmen kann.

Nachdem du den Grundstein gelegt hast, kannst du dich auch wieder an andere Sportarten heranwagen. Ideal sind softe Sportarten wie Schwimmen, Yoga oder Walken. Viele Mamas merken, dass ihr Beckenboden Sport mit vielen Erschütterungen (wie Joggen oder Tennis) noch nicht mitmacht. Sieh den Sport nicht nur als Abnehmanstrengung, sondern auch als Zeit für dich. Verabrede mit deinem Partner/der Oma etc. ein festes Zeitfenster in der Woche, in dem du dich zum Training aufraffst. Wenn du das alles nicht schaffst: Jeder Sport ist besser als kein Sport. Such dir auf YouTube ein Work-out, es gibt unzählige

Online-Sportkurse. Schon zehn oder zwanzig Minuten Bewegung bringen etwas. Du kannst auch zusammen mit deinem Baby Sport machen. Erkundige dich in Fitnessstudios, Stadtportalen oder bei Hebammen nach Kursen. Häufig wird Yoga mit Kind angeboten, Buggyfit im Freien oder Kanga (dabei turnt die Mama und trägt dabei ihr Baby in der Trage).

Mama-Tipps:

»Mir fällt das Aufraffen nach dem anstrengenden Tag am schwersten. Deshalb pushe ich mich mit zwei Mamafreundinnen. Wir wollen alle je rund acht Kilo abnehmen. Wer zuerst am Ziel ist, den laden die anderen beiden in die Therme ein. Das motiviert mich.«

»Ich hatte nie Zeit für Sport. Ich bin einfach bei den Spaziergängen mit Kind schneller gelaufen. Und ich habe, nachdem meine Bauchmuskeln wieder okay waren, jeden Tag Sit-ups gemacht. Morgens, mittags und abends drei Sets mit jeweils 33 Sit-ups. Das dauert nicht mal fünf Minuten! Am Ende des Tages hat man fast dreihundert Stück gemacht. Das hat superviel gebracht. Ich hatte eine Freundin, die das auch gemacht hat, wir haben uns immer eine WhatsApp-Nachricht geschrieben, wenn wir durch waren.«

»Meine Geheimwaffe waren Mama-Work-outs mit und ohne Baby auf YouTube!«

Frage 70: Ich habe starken Haarausfall nach der Geburt. Was hilft dagegen?

> *Meine Tochter ist jetzt fünf Monate alt. Seit etwa einem Monat habe ich ganz extremen Haarausfall und unter der Dusche immer eine Handvoll Haare zwischen den Fingern. Ich stille voll, und viele sagen, dass es dadurch kommt. Stimmt das? Und gibt es da trotzdem irgendwas, womit ich den Haarausfall reduzieren bzw. die Haare pflegen kann?*

Man hört immer wieder von Haarausfall nach der Schwangerschaft – aber Mütter mit offensichtlich durch das Haar schimmernder Kopfhaut sieht man doch selten. So schlimm kann es nicht sein, denkt man. Bis es einen dann selbst betrifft. Wenn du nach dem Haarewaschen büschelweise Haare in den Fingern hast, drängt sich die Frage, wie lange das noch gehen kann, bis man eine Glatze hat, recht bald auf.

Mal wieder sind die üblichen Verdächtigen schuld: die Hormone. Regulär fallen dir sechzig bis hundert Haare am Tag aus. Nicht so während der Schwangerschaft: Dein erhöhter Östrogenspiegel in dieser Zeit hält die Haarfollikel länger in der Wachstumsphase – dir fallen einfach weniger Haare aus. Deshalb können sich Mamas in der Schwangerschaft in der Regel über eine üppige, glänzende Wallemähne freuen.

Nach der Geburt sinkt dein Östrogenspiegel, und dein Körper macht eine Art Frühjahrsputz. Etwa zwei Monate später geht es los: Alle Haare, die wir in der Schwangerschaft hätten verlieren müssen, werden jetzt geballt abgestoßen. Experten sprechen von einem postpartalen Effluvium (gesteigerter Haarausfall nach der Geburt). In der Regel dauert der übermäßige Haarausfall nicht länger als sechs Monate. Dann haben sich dein Hormonspiegel und der reguläre Lebenszyklus der Haare wieder eingependelt. Wenn du stillst, kann diese Phase noch etwas länger dauern. Schuld daran ist das Hormon Prolaktin, das für die Milchbildung sorgt, aber gleichzeitig die Wachstumsphase der Haare verkürzt. Spätestens nach dem Abstillen pendelt sich aber auch hier alles wieder ein.

Ganz wichtig ist laut Hebammen eine ausgewogene Ernährung, sodass dein Körper alle Vitamine, Nährstoffe und Mineralien bekommt, die er braucht. Eine Diät kurz nach der Geburt ist deshalb keine gute Idee. Sie kann eine Mangelerscheinung – und als Folge Haarausfall – hervorrufen (s. Frage 69). Eisenmangel ist eine der häufigsten Ursachen. Manchmal können Zinktabletten helfen. Hebammen warnen aber davor, einfach wahllos Präparate einzunehmen. Nahrungsergänzungsmittel machen nur bei einem wirklichen Mangel Sinn – und den kann deine Haus- oder Frauenärztin nur ermitteln, wenn sie dir Blut abnimmt und die Werte analysiert. Es gibt natürlich noch mehr Gründe für Haarausfall: Wenn du sechs bis neun Monate nach der Geburt keine Besserung verspürst, such einen Dermatologen auf.

Mama-Tipps:

»Mir ging es genauso. Ich habe zwar nicht gestillt, hatte aber auch so schlimmen Haarausfall! Ich habe alles versucht: Koffeinshampoo gegen Haarausfall benutzt, Nahrungsergänzungsmittel genommen und war bei meiner Frauenärztin, die mir eine neue Pille verschrieben hat. Was davon am Ende geholfen hat, weiß ich nicht. Aber jetzt habe ich überall kleine nachwachsende Babyhaare.«

»Ich hatte auch ganz schlimmen Haarausfall, so doll, dass ich Geheimratsecken bekommen habe. Ich war dann beim Friseur und habe meine langen Locken abschneiden lassen. War schlimm, aber die Friseurin hat mich auf den ›Pott‹ gesetzt: Sie meinte, ich habe ein so großes Geschenk erhalten, dafür solle ich dankbar sein. Die Haare kämen wieder, ihr sei aber der Wunsch nach einem Kind immer verwehrt geblieben! Ich musste immer daran denken, und natürlich hatte sie recht. Die Haare kamen wieder, und jetzt nach einem Jahr ist alles okay. Wenn es dich runterzieht, schau dein Baby an – das war es doch wert, oder?«

Frage 71: Mein Kind hasst Autofahren – was kann ich tun?

> *Was macht man mit Babys, die nicht gern Auto fahren? Mein Sohn ist sechs Monate alt und schreit jedes Mal fast die komplette Fahrt lang. Es war von Anfang an so. Wir steigen schon nur noch in absoluten Ausnahmefällen ins Auto, weil man das kaum aushält und es wirklich vom Fahren ablenkt. Wie löst ihr das Problem, wird das irgendwann besser?*

Es ist total verrückt: Viele Babys lieben das Autofahren. Sobald der Wagen losfährt, sind sie ruhig und zufrieden. Für manche Eltern ist eine Autorunde um den Block sogar die letzte Möglichkeit – wenn nichts anderes mehr hilft –, um ihren Schatz zum Schlafen zu bringen.

Aber es gibt auch Babys, die schon schreien und toben, wenn sie in die Babyschale oder den Kindersitz gesetzt werden. Für einige Eltern zerschlagen sich deshalb so manche Reisepläne für die gemeinsame Elternzeit. Außerdem können die meisten Mamas mit widerwilligen Reisebabys meistens nur im Team Auto fahren – einer muss immer hinten neben dem Baby Platz nehmen. Es kann viele Gründe geben, warum dein Baby Autofahren hasst. Leider kann es dir nicht sagen, ob es ihm zu heiß, übel oder nur langweilig ist oder tatsächlich etwas wehtut.

Diese Tipps können helfen:
- Lass dein Baby in einem Babyfachgeschäft verschiedene Sitze ausprobieren. Vielleicht hilft Probesitzen/-liegen.
- Versuche mit allen Mitteln, die Langeweile vom Starren auf die Rückenlehne zu vermeiden: mit einem Spiegel für den Rücksitz, in dem das Baby dich sehen kann, oder mit Spielzeug für den Bügel der Babyschale. Gut ist »Autospielzeug«, das es nur gibt, wenn dein Kind Auto fährt.
- Einigen Babys wird beim Autofahren übel. Manche müssen sich sogar regelmäßig übergeben. Dagegen können Globuli oder Reisezäpfchen aus der Apotheke helfen. Und besser keine Bilderbücher während der Fahrt angucken!
- Den Sitz vorn auf dem Beifahrersitz zu montieren kann ebenfalls gegen Übelkeit helfen (und bei Kindern, die einfach nur Mama vermissen, so allein auf der Rückbank). Allerdings muss der Beifahrerairbag unbedingt ausgeschaltet sein!
- Manchen Babys wird heiß in ihrer Babyschale, viel mehr als in Kinderwagen und Co. Kontrolliere im Nacken die Tempera-

tur. Zieh dicke Jacken aus (solltest du sowieso, weil die Gurte eng am Körper anliegen müssen), und benutze eine Decke oder einen Fußsack. Es gibt auch atmungsaktive Bezüge für die Schale oder den Sitz.
- Was am besten hilft: Plane gerade längere Autofahrten so, dass sie sich mit dem Mittags- oder Nachtschlaf überschneiden. Vergiss aber trotzdem die Pausen nicht (s. Frage 72).

Oft ist die Versuchung riesengroß, das Baby auf der Rückbank einfach aus dem Sitz zu nehmen, in deine Arme zu legen oder sogar zu stillen, während Papa vorne am Steuer sitzt. Schon hättet ihr Ruhe. Bitte tu das nicht! Schon bei einer Vollbremsung kann das lebensgefährliche Folgen haben.

Es wird besser, wirklich. Wenn die Kinder älter werden und verstehen: Autofahren heißt, wir gehen auf Tour. Haben Spaß! Erleben Abenteuer!

Mama-Tipps:

»Wir haben uns in den ersten achtzehn Monaten kaum irgendwohin bewegt. Unsere Kleine hat jede Fahrt durchgebrüllt und sich oft auch noch übergeben. Jede kleine Reise war eine Qual, wir sind nur noch gefahren, wenn sie müde war. Und ganz plötzlich war es okay, längere Strecken zu fahren – obwohl wir nichts geändert haben. Also einfach Augen zu und durchhalten ist manchmal der beste Tipp.«

»Wir hatten dasselbe Problem! Ich bin mit meiner Maus zum Osteopathen gegangen, das hatte mir eine Mama empfohlen. Ich war zwar skeptisch, aber so verzweifelt. Und wirklich, nach einer Behandlung war es gut! Sie hatte drei Blockaden im Nacken- und Schulterbereich. Nach einem Jahr fing es noch mal an, wir sind dann wieder hin, und es hat wieder geholfen. Ich kann es nur empfehlen.«

»Es könnte daran liegen, dass sie Lendenwirbelschmerzen hat. Bei uns hat der Neugeboreneneinsatz nicht gepasst, und die Lendenwirbelsäule meines Sohnes hing frei. Außerdem haben die Gurte gedrückt. Als wir sie etwas höher gelegt hatten, waren es plötzlich himmlische Autofahrten.«

Frage 72: Wie lange darf mein Kind in der Babyschale liegen?

> *Wie lange lasst ihr eure Kleinen in der Babyschale liegen? Meine Kinderärztin sagt, Babys sollen nicht länger als 45 Minuten in der Schale sitzen, da es nicht gut für die Wirbelsäule ist. Es gibt aber doch extra Kinderwagenaufsätze für Babyschalen, und ich sehe öfter Mamas damit spazieren gehen. Dürfen Babys doch länger darin bleiben? Mein Kind schläft immer beim Autofahren ein und wacht auf, wenn ich es in den Kinderwagen umbetten will.*

Du fragst dich beim Autofahren zu Recht, wie man denn überhaupt mal bei Oma ankommen soll, wenn das Baby nur maximal 45 Minuten in der Babyschale liegen darf. Noch dazu, wenn dazwischen immer Pausen eingelegt werden müssen, in denen dein Baby sich mindestens fünfzehn Minuten frei bewegen soll. So wird ja eine zweihundert Kilometer lange Autofahrt zu einem tagesfüllenden Unterfangen! Die offizielle Empfehlung von maximal 45 Minuten in der Babyschale gilt, da dein Baby in der Schale gekrümmt sitzt. Diese ungewöhnliche Haltung stört das harmonische Muskelspiel der Hals-, Rumpf-, Hüft- und Beinmuskulatur. Aber auch Kinderärzte räumen ein, dass die maximale Liegedauer in der Praxis nur schwer einzuhalten ist. Sie empfehlen daher: nicht länger als unbedingt nötig.

Mama-Tipps:
»Wir haben eine Babyschale mit verstellbarer Rückenlehne gekauft, die man außerhalb des Autos so ausklappen kann, dass das Baby fast ganz gerade liegt. Sie war teuer, aber da wir viel unterwegs sind und wenig Platz im Auto haben, was das eine gute Investition.«

»Wir nutzen die Babyschale nur zum Autofahren und haben immer eine Trage oder ein Tuch dabei. Er schläft darin sehr schnell wieder ein.«

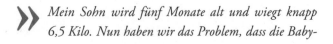

Frage 73: Die Babyschale passt nicht mehr. Aber mein Kind kann noch nicht sitzen. Und nun?

> *Mein Sohn wird fünf Monate alt und wiegt knapp 6,5 Kilo. Nun haben wir das Problem, dass die Baby-*

schale zu klein wird. Seine Füße schauen unten über den Rand hinaus. Ich möchte ihn daher nicht mehr reinsetzen. Er kann allerdings noch nicht alleine sitzen. Was ist denn in diesem Fall das Beste?

Auch wenn die Beine deines Kleinen bereits über den unteren Schalenrand hinausragen oder sogar schon die Rückenlehne berühren, heißt das noch nicht, dass die Babyschale zu klein ist.

Die Babyschale hat erst ausgedient, wenn:
- dein Kind mit dem Scheitel schon nah an den oberen Schalenrand heranreicht oder die Schultern deines Babys schon über die höchste Gurtposition hinausragen.
- dein kleiner Mitfahrer das Maximalgewicht erreicht hat (zehn Kilo bei einem Modell der Gruppe null oder dreizehn Kilo bei einem Modell der Gruppe 0+).

Wenn dein Kind aus der Babyschale herausgewachsen ist, empfehlen Experten, dass das Kind so lange wie möglich rückwärtsgerichtet (und hinter dem Beifahrer) fährt. Das ist wegen des verhältnismäßig schweren Kopfes und der noch nicht voll ausgebildeten Hals- und Rückenmuskulatur deines Babys die sicherste Transportmethode. Bei einem Frontalunfall (die häufigste Unfallart[10]) tragen 25 Prozent der Kinder, die in Fahrtrichtung sitzen, schwere und manchmal tödliche Wirbelsäulen- und Kopfverletzungen davon. Sitzt das Kind rückwärtsgerichtet, drückt die Aufprallenergie dein Kind dagegen so in den Sitz, dass Köpfchen und Hals stabilisiert werden. In Deutschland steigen die Zahlen verunglückter Kinder im Pkw etwa ab dem ersten Lebensjahr gewaltig an[11]. Das liegt nicht daran, dass die Eltern plötzlich schlechtere Autofahrer werden, sondern weil die meisten ihre Kinder dann vorwärtsgerichtet fahren lassen. Zum Vergleich: In Ländern, in denen die Kinder bis zum vierten Jahr in Reboardern (rückwärtsgerichteten Sitzen) fahren, bleibt die Zahl gleichbleibend niedrig. Auch in Deutschland wird ab 2018 das rückwärtsgerichtete Fahren bis fünfzehn Monate Pflicht. Lass dich beim Kindersitzkauf immer in einem Fachgeschäft beraten. Dann kann dein Kind vor Ort auch gleich Probe sitzen, oder du kannst eine Testfahrt machen, um zu sehen, welchen Sitz es am ehesten toleriert.

Frage 74: Wir fliegen das erste Mal mit Kind. Was muss ich beachten?

> *Ich brauche Tipps für die erste Flugreise mit unserem elf Monate alten Sohn. Wir wollen nach Griechenland, fliegen also etwa drei Stunden. Muss ich etwas beachten? Ich habe leichte Bedenken, dass ihm der Flug nicht guttut. Und wie beschäftige ich ihn die ganze Zeit?*

Wie aufregend, Urlaub mit Baby! Mach dir keine Sorgen, Kinder in dem Alter deines Sohnes können ohne Weiteres schon einige Stunden fliegen – vorausgesetzt, sie sind gesund. Folgende Punkte solltest du beachten:

Vor dem Flug:
- Kindern unter einem Jahr fällt der Druckausgleich im Flieger nicht leicht. Stille dein Kind während Start und Landung oder gib ihm ein Fläschchen zu trinken. Das Schlucken erleichtert den Druckausgleich.
- Achtung bei Atemwegsinfekten: Babys unter sechs Monaten sollten dann gar nicht fliegen. Bei größeren Kindern sollte man abwägen: Wie fit ist das Kind, hat es schon am Boden große Ohrprobleme, oder lässt sich ein kleiner Schnupfen auch mit Nasentropfen behandeln? Am besten geht man noch einmal zur Kinderärztin und fragt um Rat.
- Kinder, die vor der 32. Schwangerschaftswoche geboren wurden, haben ebenfalls ein höheres Risiko, durch die Luftdruckveränderungen Schaden zu nehmen. Unbedingt vor dem ersten Flug zur Kinderärztin gehen.

In der Luft:
- Die trockene Flugzeugluft reizt schnell die Schleimhäute. Deshalb viel trinken. Bei langen Flügen mit Kochsalztropfen die Nase befeuchten.
- Im Flieger kann es kühl werden. Immer eine kleine Kuscheldecke, dicke Socken und eine dünne Mütze in das Handgepäck packen.
- Und für den Hinterkopf: Nicht nur manche Erwachsene können Probleme mit der Höhe bekommen. Auch Kinder können unter Schwindel oder Kopfweh leiden, einigen geht es scheinbar grundlos nicht so gut. Dann hilft nur kuscheln und trösten!

Mama-Tipps:

»Kinder verkraften solche Dinge viel besser, als wir denken. Bei den ersten Trips war ich so angespannt, das bringt nix. Nimm für dein Kind mit, womit es auch zu Hause gerne spielt, dann hat es etwas Vertrautes dabei. Und etwas Neues, dann ist das aufregend und das Kind eine Weile beschäftigt.«

»Ich liebe Reisen mit meinem Kind. Wir machen es uns immer total schön, meine Tochter wird dann so verwöhnt von mir. Wir kaufen uns lauter tolle Kleinigkeiten, und sie darf vieles, was es zu Hause nicht gibt – Gummibärchen, so viel sie will. Aber die Logistik ist irre, was man alles mitschleppen muss! Unsere beste Investition war ein Buggy, den man zu einem kleinen Viereck zusammenfalten kann.«

Frage 75: Was muss dringend in der Reiseapotheke sein?

> *Die erste große Reise als Familie steht an – wir fliegen mit unserer elf Monate alten Tochter nach Fuerteventura. Was muss unbedingt in die Reiseapotheke?*

Endlich Urlaub, der Flug hat gut geklappt, Sonne satt, das Hotel ein Traum – und dann, an Tag eins, fiebert das Baby. Dann heißt es Apothekensafari statt Familienzeit. Und was heißt Fieber eigentlich auf Spanisch? Am besten bist du für den Fall der Fälle – neben Krankenkassenkarte, Auslandskrankenversicherung und Impfpass – mit einer Reiseapotheke vorbereitet.

Hebammen empfehlen diese Reiseapotheke:
- Nasensauger, um die Nase bei Schnupfen zu reinigen;
- Kochsalzlösung in kleinen Plastikampullen als Nasentropfen;
- Augentropfen (durch Wind am Meer kann die Bindehaut schneller gereizt werden);
- Wundschutzcreme gegen einen wunden Po, die aber auch gegen Pilzinfektionen hilft;
- Kümmelölprodukte oder Tropfen gegen Blähungen;
- Elektrolyte- oder Glucoselösungen bzw. Pulverpäckchen bei Durchfall;
- Pflaster in unterschiedlichen Größen;
- sterile Mullkompressen und -binden;
- Splitterpinzette und Nagelschere;
- Coolpacks;
- Wunddesinfektionsmittel;
- Hustensaft;
- abschwellende Nasentropfen;
- schmerzlindernde Ohrentropfen;
- Zeckenzange oder -karte;
- digitales Fieberthermometer;
- Fieberzäpfchen, die helfen auch bei Schmerzen;
- Zahnungshilfe.

Es gibt Erkrankungen, mit denen sollte man auf jeden Fall zum Arzt gehen, vor allem mit einem Baby: hohes Fieber, schlimmer Durchfall, starker Husten.

Hat dein Kind eine Tendenz zu Fieberkrämpfen oder Pseudokruppanfällen, solltest du die Medikamente dafür auf jeden Fall dabeihaben. Sprich auch noch mal mit deiner Kinderärztin oder deiner Hebamme.

Mama-Tipps:

»Ich würde zusätzlich zu den Schmerz-/Fieberzäpfchen auch einen Schmerz-/Fiebersaft mitnehmen. An besonders heißen Urlaubsorten können die Zäpfchen einfach schmelzen.«

»Schließ unbedingt eine Auslandskrankenversicherung ab. Wir haben sie schon gebraucht, und es war super, sich keine Sorgen machen zu müssen, ob man das Geld zurückbekommt.«

»Besonders bei den ganz Kleinen würde ich auf jeden Fall noch Mittel gegen Allergien einpacken. Vielleicht reagiert euer Kind auf irgendwas allergisch, wovon ihr noch nicht wusstet, dass es dagegen allergisch sein könnte.«

Frage 76: Mein Mann hilft überhaupt nicht mit. Was kann ich tun?

> *Mein Freund und ich haben seit drei Monaten einen kleinen Sohn. Er ist ein ganz fröhliches, liebes Kind. Leider habe ich das Gefühl, dass mein Freund kein Interesse an ihm hat. Er füttert und wickelt nur, wenn ich ihn darum bitte – was eh schon selten der Fall ist. Er hat keine Freude daran, sich mit unserem Baby zu beschäftigen, oft liegt der Kleine nur dabei, während er mit seinem Handy spielt. Er lässt sich auch nach der Arbeit extra Zeit, bevor er nach Hause kommt, er geht lieber noch mit seinen Freunden aus, statt mir zu Hause zu helfen.*

Viele Mütter kennen das: Man freut sich auf das Baby, darauf, endlich eine Familie zu sein – und dann will einer offenbar gar nicht mitmachen. In so einer Situation spielt vieles eine Rolle: Enttäuschte Erwartungen, dass der Partner seine Vaterrolle nicht ernst nimmt. Fehlende Anerkennung für die Arbeit, die so ein Baby macht. Unverständnis, dass der Partner das Baby scheinbar nicht so liebt wie man selbst.

Familiencoaches hören von Vätern oft: »Ich sitze abends lieber noch eine Stunde länger am Schreibtisch und erledige Dinge, die nicht besonders dringend sind, als mir zu Hause das Geschrei anzuhören.« So sieht das aus der Sicht des Partners aus: Den ganzen Tag gearbeitet und jetzt ganz schön müde. Er kommt nach Hause und braucht Erholung – am liebsten würde er sich auf die Couch fallen lassen. Stattdessen gerät er mitten in den Showdown: das Ins-Bett-Bringen des Babys, was in den meisten Fällen mit Weinen einhergeht.

Du hast aber ebenso den ganzen Tag lang gekämpft, würdest gern mal kurz den Staffelstab übergeben. Du hoffst, dein Partner übernimmt und freut sich, sein Kleines zu sehen.

Ihr seid also beide müde und fertig und hofft, dass der jeweils andere euch entlastet. Das sind Erwartungen, und wenn Erwartungen enttäuscht werden, ist das immer frustrierend. Im ersten Schritt raten Familiencoaches, zu schauen, ob man an den äußeren Umständen etwas ändern kann. Ideal ist es, wenn der Arbeitgeber für einen Zeitraum flexiblere Arbeitszeiten zulässt. Es ist ein Riesenunterschied, ob man um achtzehn Uhr oder schon um siebzehn Uhr nach Hause kommt oder wenigstens freitags etwas eher.

Wichtig ist aber auch, dem Partner klarzumachen, was für eine wichtige Zeit mit seinem Kind er eigentlich verpasst – die so nie wiederkommt! Wenn eine Mutter spürt, dass in der Beziehung zwischen ihrem Mann und ihrem Kind etwas fehlt, dann fehlt das meistens auch in der Paarbeziehung. Kinder können ihrem etwas »viereckigen Vater« allerdings besser verzeihen als die Partnerin. Die meisten Kinder halten ihre Eltern für die besten der Welt. Am wichtigsten ist es, miteinander zu reden. Je länger es so bleibt, desto frustrierter wird man, und dann brechen die Vorwürfe geballt und in nicht gerade nettem Tonfall aus einem heraus. Oft haben die Mütter das Gefühl, schon alles versucht zu haben. Familiencoaches können da helfen. Sie empfehlen dir, ein Date mit deinem Mann zu verabreden. Organisiere einen Babysitter, damit ihr beide in Ruhe reden könnt, in angenehmer Atmosphäre – nicht zwischen Babywäsche und ungespülten Töpfen. Wichtig: Sprich von dir. Sag keine Sätze wie »DU hilfst mir nicht, DU kommst immer erst so spät …!« So treibst du den anderen in die Defensive, und er hat das Gefühl, sich verteidigen zu müssen. Erkläre deinem Partner ruhig – ohne Wut und Aggression –, was dich belastet und was du gerne ändern würdest. »Für MICH ist es ein Riesenproblem, wenn …«, »ICH wünsche mir, dass …« Erzählt jemand in der Ich-Perspektive, tendieren wir eher dazu, empathisch zuzuhören.

Oft kommt dabei heraus, dass ihr beide der Meinung seid, aus der eigenen Perspektive euer Bestes zu tun. Bereits kleine Kompromisse helfen, damit sich jeder besser fühlt: Dein Partner kann sich wünschen, dass er abends erst mal fünf Minuten ankommen kann, bevor er schon das Baby auf dem Arm hält. Oder ihr macht aus, dass er jeden Abend vor dem Schlafengehen ein Buch mit dem Kleinen anschaut.

Das Allerwichtigste ist laut Experten eure Grundeinstellung: Ihr müsst die Hoffnung behalten! Wissen, dass ihr jede Situation verbessern könnt, indem ihr gemeinsam Sorgen teilt und sie ganz offen ansprecht. Die gute Nachricht: Besser werden kann es immer! Langfristig ein Wochen- oder Monatsritual zu etablieren ist auch ein Coachtipp: Bei einem »Elternrat« teilt ihr euch regelmäßig mit, wie es euch geht. Die Statements müssen nicht vom anderen kommentiert werden, es ist wirklich nur ein Mitteilen. Und vor allem: Definiert den aktuellen Zustand nicht als Riesenproblem. Für viele ist es schlimm, wenn nicht immer alles wie geschmiert läuft. Aber seht es mehr als aktuellen Lebensumstand. Erst durch Teilen ergibt sich eine Lösung – und die braucht Wachstums- und Entwicklungszeit.

Mama-Tipps:

»Bei uns kam das Umdenken, als ich eine Magen-Darm-Grippe hatte. Ich war ans Bett gefesselt, mein Mann musste sich freinehmen und zwei Tage lang alles machen, was ich sonst erledige. Er war fix und fertig und meinte, er finde es unglaublich, dass ich das jeden Tag mache. Und was ich zugeben muss: Er hatte sich auch etwas aus der Verantwortung gezogen, weil er es mir nie recht machen konnte. In meinen Augen hat er falsch gewickelt, zu langsam gefüttert – irgendetwas war immer. Als ich so krank war, musste ich ihn einfach machen lassen – und natürlich hat es super geklappt! Jetzt hat er richtig Spaß daran, sich zu kümmern.«

»Für mich als Mama war die erste Zeit mit Baby ganz anders als für den Papa. Ich habe gestillt und war so eine kleine enge Einheit mit unserer Tochter, und der Papa außen vor. Für meinen Mann war das schwierig, ich hatte eine neue Aufgabe, für ihn war nur sein bisheriges Leben anstrengender geworden. Er war überfordert, hatte Angst, und er konnte nicht so recht etwas mit der Kleinen anfangen – das hat er aber erst im Nachhinein zugegeben. Das kam alles, je agiler die Kleine wurde, und heute ist sie ein echtes Papakind.«

»Mein Sohn ist fast neun Monate alt, und ich kann so nachempfinden, wie es dir geht. Hört nicht auf, miteinander zu reden ... über alles, wie euer Tag war, was euch gefallen hat, was nicht, und über das Baby. Versucht, gemeinsame Zeit zu planen – zu dritt, aber auch zu zweit war bei uns wichtig.

Einmal pro Woche nehme ich mir jetzt auch eine Auszeit und gehe abends zum Yoga. Und ganz ehrlich: Vatergefühle können sich auch nur entwickeln, wenn man es zulässt. Mach mit ihm aus, dass er sich eine halbe Stunde Zeit nimmt, ohne Handy. Sich mit dem Kleinen beschäftigt, ihm in die Augen sieht, ihn anlächelt, mit ihm spielt etc.«

Frage 77: Mein Mann ist genervt vom Kind. Was kann ich tun?

> *Mein kleiner Sohn ist acht Monate alt. Er zahnt im Moment und weint viel. Wie jedes Baby weint er auch, wenn er müde ist. Leider ist der Vater des Kindes davon sehr schnell genervt. Er versucht auch nicht, ihn zu trösten, sondern setzt ihn dann direkt auf meinen Schoß. Mein Mann liebt unseren Sohn über alles, aber*

ist es normal, dass Männer so schnell genervt sind? Oder sehe ich das zu eng?

Es gibt etwas, das nennt sich »Überforderungsprofil« – das erstellen Familientherapeuten in solchen Fällen oft. Offensichtlich ist dein Mann gestresst und überfordert, sobald euer Junge weint. Es bedeutet aber nicht zwingend, dass dieses Weinen auch der Auslöser für seinen Stress ist. Es verstärkt einfach in vielen Familien bereits vorhandene Probleme. Immerhin habt ihr als Eltern jetzt obendrauf auch noch mit Zusatzaufgaben, weniger Schlaf, größeren finanziellen Belastungen und weniger Freizeit zu kämpfen. Ganz wichtig ist, herauszufinden, worunter dein Mann tatsächlich leidet. Ist es ein temporärer Zustand (ein stressiges Projekt im Job)? Oder ein langfristiges Problem, das er grundsätzlich ändern müsste? Aber zurück zum Weinen: Familiencoaches raten in solchen Situationen dem betroffenen Vater, sich klarzumachen: Du wirst das Weinen des Babys nicht ändern können, aber du kannst deine Einstellung, wie du darauf reagierst, ändern. Du hast das große Glück, ein Baby zu haben. Nur – Weinen gehört bei Babys dazu. Mach dir bewusst, was dir entgeht, was du verlierst, wenn du dich genervt zurückziehst: die Zeit mit deinem Kind, die so schnell vorbeigeht, wichtige Bondingmomente. Es ist sehr entscheidend für ein Kind, dass es mit Mutter und Vater Zeit verbringt. Das muss nicht Zeit zu dritt sein, abwechselnd reicht auch. Vater und Kind alleine können so auch intensiver eine Beziehung zueinander aufbauen, da sie sich ja meist seltener sehen. Durch das Abwechseln kann der jeweils andere Elternteil besser Kraft tanken. Oft handeln Papas leider noch so, wie sie es von ihren eigenen Eltern kennen: Die Väter arbeiten, die Kindererziehung ist Mamas Job. Manchmal kann auch Unsicherheit die Ursache dafür sein, dass dein Mann euer weinendes Kind von sich weist – er denkt »Bei Mama beruhigt es sich schneller!« und reicht es weiter. Viele Mamas korrigieren ständig die Handgriffe des Papas. Das verunsichert auch enorm. Die Mamas meinen es dagegen gar nicht böse, sie wollen nur ihre Erfahrungen und Erkenntnisse, die sie den ganzen Tag über sammeln, weitergeben. Auf jeden Fall muss man die Wurzel des Stresses ausmachen und da etwas ändern. Wenn das allein zu schwierig ist, holt euch Hilfe bei einem Familiencoach.

Mama-Tipps:

»Ich kann dich verstehen, aber auch ihn. Der Lärmpegel, wenn mein Baby schreit, ist krass. Und wenn es lange andauert, liegen auch meine Nerven blank – und mir ist auch schon mal rausgerutscht, dass mich das Gejammere nervt. Zum Glück nicht vor meinem Kind, aber vor meinem Mann. Aber vor wem – wenn nicht vor dem Partner – kann man offen sagen, was man gerade empfindet? Legt nicht jedes Wort auf die Goldwaage!«

»Mein Mann drückt mir auch immer sofort meine Tochter in die Hand, wenn sie schreit. Ich habe ihn dann darauf angesprochen. Er meinte, es breche ihm das Herz, wenn er sie so weinen höre, und dass er sich dann immer so hilflos fühle. Seitdem geht es mir besser, weil ich weiß, dass er sie nicht ablehnt.«

Frage 78: Alltagsentfremdung: Mein Mann und ich haben uns nichts mehr zu sagen. Wie finden wir wieder zusammen?

> *Ich weiß einfach nicht mehr weiter: Wir sind seit fünf Jahren zusammen, davon zwei verheiratet. Seit achtzehn Monaten haben wir eine Tochter. Sie ist ein absolutes Wunschkind, und wir lieben sie sehr – aber uns haben wir seit der Geburt aus den Augen verloren. Wir leben wie in einer Wohngemeinschaft zusammen. Ich arbeite halbtags, und nachmittags kümmere ich mich um unsere Tochter und den Haushalt. Sobald mein Mann heimkommt, streiten wir nur noch. Ich habe das Gefühl, wir kämpfen beide einfach sehr hart damit, dass der Alltag irgendwie funktioniert – und wir und die Liebe bleiben auf der Strecke. Wie finden wir wieder zusammen?*

Warum streitet man plötzlich so oft, obwohl man doch so glücklich sein müsste – immerhin krabbelt ein süßes Baby durch das Wohnzimmer, das man so herbeigesehnt hat?

Dieses Phänomen sehen Familientherapeuten oft, sie erklären es so: Im Grunde fehlt beiden Elternteilen die Anerkennung des jeweils anderen. Dein Mann arbeitet lange, kann sich danach aber nicht wie früher erholen, sondern verbringt Zeit mit der Familie. Was natürlich schön ist, aber eben auch anstrengend. Auch bei Mama zehren der wenige Schlaf, das Baby, Haushalt und Job an den Nerven. Fünfundsiebzig bis neunzig Prozent der Eltern[12] empfinden die Mehrfachbelastung durch Erziehung,

Haushalt und Job als sehr auslaugend. Allerdings, und das ist die Krux: Sowohl du als auch dein Partner hat das Gefühl, den jeweils anstrengenderen Part zu haben, ohne dass der andere das sieht und anerkennt. Nun ist in der ersten Zeit diese Überlastung völlig normal. Man ist zu hundert Prozent damit beschäftigt, die Bedürfnisse des Babys zu befriedigen – und nebenbei irgendwie den Rest zu managen. Daran muss man sich erst mal gewöhnen. Dazu kommt der Verlustschock: Urlaube, Dates, spontan abends Freunde besuchen, den Sonntag auf der Couch verbringen? Dass das nicht mehr so geht, weiß man alles vorher. Doch wenn dieses neue Leben real wird, stellt der Verlust der Selbstbestimmtheit auch eine Belastung für die Beziehung dar. Aber: Dass jeder seinen eigenen Kampf kämpft, ihr kein Team mehr seid, darfst du nicht zum neuen Alltag werden lassen.

Warnzeichen, die du nicht übersehen solltest:
- Du glaubst, deinen Mann gar nicht mehr zu kennen.
- Ihr habt euch nichts mehr zu erzählen – abgesehen von Themen rund ums Kind.
- Kleine Meinungsverschiedenheiten arten in Streit aus.

Der häufigste Trennungsgrund bei Eltern ist nach Erfahrung von Familiencoaches, dass sie sich teilweise bis zur Selbstaufgabe für die Kinder aufopfern und ihre eigenen Bedürfnisse viel zu kurz kommen. Sie sagen dann: »Ich habe mich verloren. Ich bin nur noch für die Kinder da.« Das ist der Killer für die Selbstzufriedenheit und auch für euch als Paar. Was man oft vergisst: Nur ein Kind, das glückliche und zufriedene Eltern hat, kann auch selbst glücklich werden. Deshalb ist es so wichtig, für sich selbst und für euch als Paar zu sorgen. Tut, was ihr könnt, um Zeit für euch zwei freizuschaufeln. Auch wenn du am liebsten schlafen gehen würdest – rafft euch auf. Du wirst von einem gemeinsamen Abend zehren. Gut ist auch etwas »Langweiliges« wie ein gemeinsamer Spaziergang – Langeweile ist bei Eltern das größte Luxusgut. Auch sollte sich jeder weiterhin Zeit für sein Lieblingshobby nehmen – und das nicht nur, wenn es gerade mal passt. Einer bekommt den Dienstag, einer den Donnerstag, das ist dann ausgemacht. Und: Durchhalten ist das Wichtigste, sagen Familientherapeuten. Die ersten ein bis zwei Jahre sind bei jedem Kind extrem hart. In dieser Phase brauchen die Kleinen hundert Prozent Zuwendung. Aber es wird besser, versprochen! Wenn eure Bemühungen nicht helfen, holt euch Hilfe. Eine neutrale, außenstehende Person, die die Probleme von zwei Menschen analysiert und beide wieder zusammenführt, ist dann die beste Option.

Mama-Tipp:

»Uns ging es ähnlich. Wir haben nur noch gestritten. Irgendwann dachte ich, ab jetzt geht es nur noch abwärts, wir kriegen die Kurve nicht mehr. Ich habe von meiner Freundin ein Paarspiel bekommen, bei dem man sich gegenseitig Fragen stellt. Wir haben einen Abend ein Picknick bei uns im Wohnzimmer gemacht (weil der Babysitter zu teuer war), das Spiel gespielt und ewig geredet. Und gemerkt, wie sehr wir diese Beziehung noch wollen. Und wie viel Gutes wir in unserer Beziehung noch haben.

Jetzt machen wir jeden Mittwoch Date-Night. Das Geld für den Babysitter, von dem wir immer dachten, dass wir das nicht haben, nehmen wir vom Elterngeld. Es ist die beste Investition meines Lebens. Auszeiten sind so wichtig! Und ganz ehrlich: Ein Scheidungsanwalt ist teurer! Ich kann dir nur raten: Zieht die Notbremse und tut was für euch!«

Frage 79: Ich habe keine Lust auf Sex. Kommt das irgendwann wieder?

> *Mein Sohn ist jetzt sieben Monate alt, die Entbindung also schon eine Weile her. Früher sind mein Mann und ich regelrecht übereinander hergefallen, ich hatte richtig Lust auf ihn. Ich weiß nicht, wo dieses Gefühl hin ist, aber ich habe überhaupt kein Verlangen nach Sex. Ich fühle mich überhaupt nicht sexy, aber selbst wenn mein Mann mir klar signalisiert, dass er mich gerade hot findet, blocke ich sofort ab. Geht euch das auch so?*

Mamas, die schnell nach der Geburt wieder Lust auf Sex haben, gibt es seltener als Mamas, denen es so geht wie dir.

Im Wochenbett heilt dein Körper zwar die Nachwirkungen der Geburt, aber die Lust auf Sex lässt oft monatelang auf sich warten. Laut einer Umfrage[13] beklagen sich 24 Prozent der Väter über zu wenig Sex.

Zuerst einmal muss man als Frau wieder in seinem Körper »ankommen«. Außerdem ist bei ganz vielen Frauen das Bedürfnis nach Nähe (das früher durch den Partner gestillt wurde) auch gedeckt, wenn sie den ganzen Tag mit einem Baby kuscheln.

Und ihren veränderten Körper sexy zu finden gelingt auch nicht jeder Mutter gleich. Gynäkologen bestätigen, dass auch das Stillen dein Sexleben beeinflusst. Abgesehen davon, dass bei sexueller Erregung Milch austreten kann und das manche irritiert, sind die Hormone Oxytocin und Prolaktin schuld daran, dass Frauen weniger Lust haben und vor dem Sex nicht feucht werden (schwächere Lubrikation). Dass sich die sexuelle Lust in die Babypause verabschiedet, ist normal. Schwierig wird es, wenn es sich als Problem in der Beziehung manifestiert. Psychotherapeuten hören oft, dass der Mann es als Kränkung erlebt, permanent zurückgewiesen zu werden. Als Frau traust du dich dann oft schon gar nicht mehr, deinen Partner auch nur zu küssen oder mit ihm zu schmusen, da du Angst hast, er könne diese Zärtlichkeiten als Einladung zum Sex deuten – und du müssest ihn dann nur wieder abweisen. Der Mann zieht sich enttäuscht und frustriert zurück, und du entwickelst Schuldgefühle – eine Abwärtsspirale!

Ganz wichtig ist es, den Partner zu bestärken. Sag ihm, was er für ein toller Vater und Ehemann ist. Auch kleine Gesten haben oft eine große Wirkung. Lasst die Zärtlichkeit nicht aus eurem Leben verschwinden. Und redet miteinander. Es ist ein schwieriges Thema, vor allem, wenn sich der Partner zurückgewiesen fühlt. Aber: Es ist in Ordnung, wenn du noch Zeit brauchst. Bitte deinen Mann um Verständnis. Erkläre ihm, dass dein Nähebedürfnis durch das Baby mehr als gedeckt ist, dass deine Hormone verrücktspielen, und bedanke dich für seine Geduld. Beziehungen können an solchen Problemen kaputtgehen, wenn man das Wichtigste in der Beziehung – die Wertschätzung für- und den Respekt voreinander – nicht hochhält, egal, was kommt. Das Schlimmste ist, sich gegenseitig nur Vorwürfe zu machen.

Wer respektvoll, liebevoll und offen miteinander umgeht, findet einen Weg, ein Problem zu lösen.

Sprich mit deiner Gynäkologin über deine fehlende sexuelle Lust. Die Pille kann unter Umständen ein Lustkiller sein.

Geht es langsam an, nehmt ein Bad zusammen. Massiere deinen Partner, oder noch besser, lass dich massieren. Sag vorher: »Ich verspreche dir nichts außer einer Massage!« Manchmal fällt einem erst so wieder auf, wie schön das mit dem Streicheln war. Je länger die Sexpause ist, desto größer wird die Hürde, es wieder zu probieren. Manchmal muss man sich einfach entscheiden: Heute tun wir es!

Mama-Tipps:

»Wir hatten in anderthalb Jahren bestimmt nur zehnmal Sex. Wenn überhaupt. Es war einfach das Letzte, worauf ich Lust hatte. Ich dachte schon, der Zug sei abgefahren und wir wären ab jetzt eins dieser sexlosen Elternpaare. Aber als unsere Kleine dann besser geschlafen hat und ich nicht mehr komplett fertig war, kam die Lust zurück!«

»Wenn ich ganz ehrlich sein soll: Mir haben Pornos geholfen, in Stimmung zu kommen. Wir haben sie zusammen angeschaut. Meine Freundin hat mir geraten, Sexspielzeug für Frauen zu shoppen. Bei ihr hat das geholfen, aber für mich war der Gedanke, wenn ich eh schon wenig Lust habe, dann auch noch so zu experimentieren, einfach zu viel. Apropos Freundin – ich kann dich beruhigen, wirklich jeder von uns ging das mit der Unlust so.«

»Was mir mehr als alles geholfen hat: den Mut zusammenzukratzen, mit meinem Freund zu sprechen. Dieses unausgesprochene Zurückweisen hing zentnerschwer in der Luft und hat unsere Beziehung so belastet. Aber ich konnte mich auch nicht zum Sex ›zwingen‹. Darüber zu reden hat das Problem auch nicht gelöst, aber wir waren plötzlich wieder auf einer Seite statt stumme Gegner.«

Frage 80: Ich habe Schmerzen beim Sex, ist das nach der Geburt normal?

> *Ich habe eine eher unangenehme Frage. Vor zehn Monaten habe ich meine kleine Tochter zur Welt gebracht. Seitdem habe ich unheimliche Schmerzen beim Sex. Meine Frauenärztin sagte mir wenige Wochen nach der Geburt, das vergehe bald. Aber die Schmerzen halten immer noch an. Ich habe schon gar keine Lust mehr, weil ich Angst davor habe, wie weh es tut. Kennt das jemand – und wenn ja, was hat dagegen geholfen?*

Von Schmerzen beim ersten vaginalen Sex berichten fast alle Mamas: Laut einer australischen Studie[14] sind es 86 Prozent. Der unausgeglichene Hormonhaushalt nach der Geburt sorgt für eine trockenere Vagina – und beim Sex für ein unangenehmes Brennen und Engegefühl. Spätestens nach dem Abstillen spielen sich die Hormone wieder ein. Benutzt für die Überbrückung ein Gleitgel. Cremes oder Scheidenzäpfchen regenerieren die Vaginalflora und können helfen. In seltenen Fällen stellen Frauenärzte eine leichte Senkung der Gebärmutter fest. Beim Sex hat man das Gefühl, der Partner stoße schmerzhaft und viel zu früh irgendwo an. Beckenbodenübungen oder sanfter Sport (wie Schwimmen) können in Rücksprache mit der Gynäkologin helfen. Aber auch nach achtzehn Monaten geben laut der Studie fast 24 Prozent der Frauen an, noch unter Schmerzen beim Verkehr zu leiden. Übrigens: Deutlich mehr Frauen mit Kaiserschnitt (s. Frage 2) oder Geburtsverletzungen (s. Frage 3), die genäht werden mussten, sind darunter. Gib deinem Körper Zeit, sich zu erholen, und wende dich unbedingt an eine Frauenärztin, die kann zuallererst ausschließen, dass es sich um eine Infektion handelt. Dann wird sie untersuchen, ob eventuell auch Verwachsungen oder schlecht geheiltes Narbengewebe nach einer Geburtsverletzung der Grund ist.

Mama-Tipps:

»Ich hatte das Gefühl, ich werde beim Sex überhaupt nicht mehr feucht. Auch nach dem Abstillen nicht. Ich habe daraufhin von meiner Gynäkologin zweimal jeweils zwei Sorten Vaginalzäpfchen und Cremes verschrieben bekommen – eine mit, eine ohne Hormone. Nach ein paar Wochen habe ich dann endlich eine Besserung verspürt!«

»Wir benutzten viel Gleitgel, um diese unangenehme ›Trockenheit‹ auszugleichen. Zudem haben wir uns sehr viel Zeit beim Vorspiel gelassen. Mit der Zeit wurde es immer besser und besser. Nach knapp achtzehn Monaten ist das Gefühl beim Sex wie vor der Geburt.«

Frage 81: Ich habe Probleme mit meiner Schwiegermutter. Wie verbessere ich unser Verhältnis?

> *Mein Kleiner ist noch nicht mal auf der Welt, aber meine Schwiegermutter raubt mir schon jetzt den letzten Nerv. Alles, was ich mache, ist falsch. Helfe ich im Haushalt, meckert sie, ich solle mich schonen. Deckt mein Mann den Tisch, sagt sie: ›Der Sven muss aber ganz schön viel machen!‹ Sie sagt Sachen wie: ›An deiner Stelle würde ich mich von Süßigkeiten fernhalten, kein Zahnarzt gibt dir im achten Monat eine Spritze, wenn du Karies bekommst.‹, nur weil ich mal einen Keks esse. Ich habe schon jetzt Angst, wie es wird, wenn unser Baby da ist und sie alles kommentiert. Mein Freund hält sich raus. Sie wohnt sehr nah und hat viel Zeit. Wie rede ich mit ihr ohne Streit?*

Wenn es nach unseren Schwiegermüttern geht, war früher natürlich alles besser. Ganz ehrlich: Sie haben vieles auch einfach vergessen und außerdem Kinder in einer ganz anderen Welt großgezogen. Natürlich nimmt man gern gut gemeinte Ratschläge und Hilfe an, leider ist der Grat zu nerviger Besserwisserei sehr schmal. Dinge, die du tun kannst, damit deine Schwiegermutter in deinem Kopf nicht zum Schwiegermonster mutiert:

- Das Gespräch suchen. Aber erwarte keine stundenlange Aussprache. Ältere Menschen sind es nicht gewöhnt, über ihre

Gefühle so offen zu reden wie wir heute. Es ist ihnen unangenehm. Aber sie sollte schon wissen, dass dich ihre Kritik nervt. Sag etwas wie: »Ich weiß, dass du es gut meinst und das Beste für mich und mein Baby willst, aber kannst du verstehen, dass ich meine Erfahrungen selber machen muss? Lass mich einfach mal machen, ich kriege das schon hin!«

- Sie einbinden – und dir Arbeit abnehmen lassen. Übertrage der Oma von Anfang an kleine verantwortungsvolle Aufgaben. Zeig ihr, dass du dankbar bist, wenn sie eine warme Mahlzeit für euch kocht oder mit deiner Einkaufsliste in den Supermarkt marschiert oder mal wickelt oder die Popocreme aus der Apotheke abholt oder dein Baby im Kinderwagen durch den Park schiebt. So wirst du entlastet, und sie fühlt sich gebraucht. Du musst ein bisschen loslassen und Verantwortung abgeben und ihr zutrauen, dass sie auf ihre Art hilft. Vielleicht schmecken ihre Nudeln anders, und wahrscheinlich zieht sie die Windel fester oder lockerer als du, das macht nichts, einfach mal ein Auge zudrücken – oder zwei.
- Positive Verstärkung funktioniert auch bei schwierigen Schwiegermüttern. Und das geht so: »Danke, dass du dich nicht einmischst und meine Erziehung akzeptierst!«
- Lass dich nicht auf Grundsatzdiskussionen bei Erziehungsfragen ein, bei denen du deine feste Meinung hast. »Du hast als Mutter bestimmt auch dein Ding machen wollen und warst froh, wenn dir deine Schwiegermutter nicht reingeredet hat, oder?« Das kann man schon mal sagen. Und ansonsten: Gar nicht auf die vielen Verbesserungsvorschläge eingehen. Dann hören die schon von selbst wieder auf.
- Frage deine Schwiegermutter doch mal aktiv: »Wie hast du das denn früher mit der Beikosteinführung gemacht?« Oder:

»Hast du einen guten Einschlaftipp?« Dadurch fühlt sie sich gebraucht und wichtig. Ob du ihre Empfehlungen dann auch umsetzt, bleibt ja dir überlassen. Ganz bestimmt hat sie aber auch einige nützliche Ratschläge für dich.
- Es nützt gar nichts und dramatisiert den Familienstress nur, wenn du von deinem Partner verlangst, dass er sich auf deine Seite stellt. Aber um die Rolle als Vermittler kommt er nicht herum, wenn alles andere (Lob, Verantwortung übertragen, auf Durchzug stellen) nichts geholfen hat. Versuche ihm zu erklären, was dich an seiner Mutter stresst, was du schon versucht hast und an welchen Stellen er jetzt helfen kann. Vielleicht sollte er ihr sagen, dass sie sich bitte, bitte mit Ratschlägen zurückhalten müsse. Oder ihr überlegt euch klare Regeln, wann sie zu Besuch kommen kann und wann nicht. Brauchst du an den Wochenenden oder durchgängig zwei oder auch mal vier Wochen am Stück ein Schwiegermutter-Time-out, muss das drin sein, und du und dein Partner könnt ohne schlechtes Gewissen sagen: »Oma, wir sagen dir Bescheid, wenn wir uns wieder über deinen Besuch freuen, aber momentan brauchen wir Zeit für uns zu dritt, damit sich alles in Ruhe einspielen kann.«

Jedes dritte Elternpaar in Deutschland bekommt übrigens keine Unterstützung durch Oma und Opa, einfach weil die zu weit weg wohnen. Auch wenn deine Schwiegermutter für dein Empfinden eher zu nah bei euch wohnt, bedenke: Später wirst du dankbar für die schnelle Erreichbarkeit deiner Schwiegermama sein, etwa wenn du wieder arbeitest und dein Kind mal nicht in die Kita gehen kann. Dann freust du dich bestimmt über die liebe Oma – und dein Kind auch.

Mama-Tipps:

»Plant einen regelmäßigen ›Oma-Tag‹ ein. An dem kann deine Schwiegermutter mit ihrem Enkel einige Stunden oder den ganzen Tag verbringen. Das hat unser Verhältnis entspannt, und ich hatte Zeit für mich.«

Frage 82: Wir wollen uns trennen – wie machen wir das, ohne dem Kind zu schaden?

> *Ich habe eine sehr traurige Frage. Mein Partner und ich trennen uns. Wir haben es leider nicht geschafft, langfristig eine glückliche Familie zu werden. Wir haben alles probiert, aber es hat einfach nicht gereicht. Wir lieben uns nicht mehr und streiten nur noch. Das ist für uns – und vor allem für unsere Tochter – kein schönes Umfeld. Wie kann ich die Trennung so angehen, dass unsere Kleine möglichst wenig darunter leidet?*

Eine Trennung tut immer weh – aber sie schmerzt mehr, wenn ein Kind im Spiel ist. Das Auseinanderbrechen der Familie ist ein schwerwiegendes Ereignis und hat für Kinder manchmal schlimme Folgen (Depressionen, erhöhte Aggressionen). Nicht selten warten Eltern deshalb mit der Trennung, bis die Kinder aus dem Haus sind.

Am schlimmsten leiden Kinder, deren Eltern sich extrem zerstritten haben – und jeden Schritt vor Gericht einklagen. Umgekehrt gibt es viele Positivbeispiele von Kindern, die sich wunderbar entwickeln, da die Eltern weiterhin gut miteinander kommunizieren. Eine friedliche Trennung mit geregelten Besuchen ist für ein Kind oft besser als ein emotionales Minenfeld zu Hause.

Wie setzt ihr die Trennung so um, dass sie dem Kind möglichst wenig schadet?
Fragt euch bei jeder wichtigen Entscheidung: Was ist das Beste für mein Kind? Und nicht für mich!

Wenn verletzte Gefühle im Spiel sind, man mit Wut und Trauer kämpft, ist rationales Denken oft schwierig. Erinnert euch immer wieder daran, dass euer Kind am wenigsten dafürkann und am meisten leiden wird. Ganz wichtig ist, vor dem Kind nicht schlecht über den Partner zu sprechen. Besprecht Kummer und Probleme mit Freunden oder Familie – statt das Kind zum Partnerersatz zu machen.

Euer Kind verbindet euch für immer. Für sein Wohlergehen müsst ihr sorgen, indem ihr ihm zeigt: Jeder von uns liebt dich nach wie vor über alles. Falls einer von euch eine neue Liebesbeziehung eingeht, muss die Familie immer Priorität vor der neuen Beziehung haben. Trefft euch regelmäßig, um gemeinsame Erziehungsrichtlinien festzustecken, so bleibt ihr in Sachen Erziehung ein Team. Dabei kann auch eine Vermittlerin vom Jugendamt oder ein Familiencoach helfen. Manchmal ist so ein »Schiedsrichter« keine schlechte Idee. Eltern haben ein Anrecht auf diese Mediation vom Jugendamt oder auf Familienberatungen. Auch wenn es euch schwerfällt – niemals darf euer Kind als Druckmittel instrumentalisiert werden, etwa um den anderen mit weniger Besuchszeiten abzustrafen. Und: Seid ehrlich zum

Kind. Nicht einen längeren Job im Ausland vorschieben, wenn Papa auszieht. Sondern kindgerecht erklären, warum jetzt diese große Veränderung eintritt. Kinder sind widerstandsfähiger, als wir glauben. Das Wichtigste ist, dass das Kind weiterhin das Gefühl hat, geliebt zu werden, und dass ihr euch auch noch mögt. Es ist schlimm für ein Kind, wenn es immer ein schlechtes Gewissen haben muss, weil es den jeweils anderen Elternteil noch immer genauso liebt, während ihr ihn hasst.

Mama-Tipps:
»Mein Mann hatte eine neue Freundin und ist irgendwann zu ihr gezogen. Für mich war es die größte Herausforderung, vor unserer Tochter nicht schlecht über die beiden zu reden. Es tat mir richtig weh, wenn ich ihren Vater sogar noch in Schutz nehmen musste, obwohl ich so sauer auf ihn war. Man muss sich wirklich zwingen, daran zu denken, was für das eigene Kind das Beste ist – statt den eigenen Gefühlen freien Lauf zu lassen.«

»Mein Mann und ich haben uns im Einvernehmen getrennt, trotzdem sind wir uns bei vielen Erziehungsfragen oft uneinig. Er glaubt zum Beispiel, dass ich unseren Sohn überfordere, da ich einen neuen Freund habe, der auch schon zwei Kinder hat. Wir haben daher einmal im Monat ein gemeinsames Gespräch mit einer Vermittlerin beim Jugendamt. Das hilft uns, Streitigkeiten aus dem Weg zu gehen.«

Frage 83: Wie kann ich das alleinige Sorgerecht beantragen?

Meine Tochter ist neun Monate alt, und ich lebe mit ihr allein, ohne den Vater. Wir haben das gemeinsame Sorgerecht, aber ich möchte die Alleinsorge beantragen, denn der Papa will gar keinen Alltag mit seinem Kind.

Euer Kind hat ein Recht darauf, mit beiden Eltern aufzuwachsen. Wie das bei einer Trennung gelingt, ist Teil des sogenannten Umgangsrechts. Es ist unabhängig vom Sorgerecht. Einem Elternteil das Sorgerecht zu entziehen ist deshalb die letzte Möglichkeit im Streit zwischen den Eltern.

Sorgerecht und Umgangsrecht:

Das **Sorgerecht** betrifft vor allem Entscheidungen, die für das Kind getroffen werden müssen. Es teilt sich in zwei Bereiche:

- Entscheidungen über Angelegenheiten von erheblicher Bedeutung: Hier geht es um Grundsätzliches wie die Entscheidung über den Wohnsitz des Kindes oder auch Einwilligungen für Operationen und Medikamente. Oder auch die Wahl des Kindergartens. Diese Fragen müssen Eltern mit gemeinsamem Sorgerecht auch gemeinsam klären.
- Entscheidungen über Angelegenheiten des täglichen Lebens: Alles, was keine schwer abzuändernden Auswirkungen auf die Entwicklung des Kindes hat, fällt in diese Kategorie. Hier darf derjenige Elternteil entscheiden, bei dem das Kind sich befindet, wenn die Angelegenheit gerade aktuell ist. Etwa beim Thema Mittagsschlaf darf der betreuende Elternteil

selbst entscheiden (unter der Voraussetzung, dass es zum Wohl des Kindes ist).

Das **Umgangsrecht** ist in erster Linie das Recht des Kindes auf den Umgang mit beiden Eltern, also ganz einfach Zeit miteinander zu verbringen. Das ist die Pflicht der Eltern. Es ist außerdem eure Pflicht, dem Verhältnis des Kindes zum anderen Elternteil in keiner Form zu schaden: Vor dem Kind über den Vater zu lästern ist also verboten.

Haben beide Eltern das Sorgerecht, dann ist meistens derjenige der betreuende Elternteil, bei dem das Kind hauptsächlich lebt. Der andere ist der Umgangsberechtigte. Wie oft und in welchem Umfang der Umgangsberechtigte das Kind sieht, sollte von beiden Eltern gemeinsam entschieden werden, und zwar so, dass es für das Kind am besten und für beide Eltern zu bewerkstelligen ist. Kinder brauchen ein hohes Maß an Kontinuität – es ist wichtig, Papa regelmäßig und in kurzen Abständen (mehrmals pro Woche) zu sehen. Bevor das Familiengericht einschreitet, wird es von euch verlangen, dass ihr euch außergerichtlich einigt, auch mithilfe des Jugendamtes oder anderer Beratungsstellen. Geschulte Mediatoren helfen euch dabei. Der Antrag auf alleinige Sorge sollte der letzte Schritt sein. Familiengerichte prüfen jeden Fall genau und werden zunächst versuchen, die einzelnen Streitthemen zu regeln. Können sich Eltern etwa in der Kindergartenfrage nicht einigen, wird das Gericht zunächst einem Elternteil das Recht auf die Kindergartenwahl übertragen. Erst wenn es um mehrere Entscheidungen von erheblicher Bedeutung geht und die Eltern sich nicht einigen können, ist die Alleinsorge eine Alternative.

Wenn einer oder ihr beide Rachegefühle gegen den anderen

hegt und deshalb unkooperativ auf eurem Recht beharrt, schadet ihr allerdings eurem Kind. Denkt immer daran: Es kann am wenigsten dafür und leidet am meisten unter der Trennung.

Mama-Tipps:

»Ich habe das alleinige Sorgerecht beantragt und irgendwann auch bekommen, obwohl alle dachten, es sei aussichtslos. Es ist so viel einfacher jetzt. Für mich ist nur jemand Vater, der auch die Verantwortung übernimmt und sich kümmert. Die Einwände meines Ex-Freundes waren nie zum Wohl unserer Kleinen, sondern nur, um es mir schwerer zu machen. Sonst hat ihn sein Kind überhaupt nicht interessiert.«

»Du solltest alles schriftlich dokumentieren, was ihr wann und wie geplant habt: ›Treffen geplant am …, Absage am …‹ Das kann dir beim Familiengericht unter Umständen helfen. Und lass dich immer von einem Anwalt beraten.«

Frage 84: Ich will umziehen, aber wir haben ein geteiltes Sorgerecht. Geht das?

> *Mein Mann und ich leben getrennt. Für unseren Sohn teilen wir das Sorgerecht, wobei er hauptsächlich bei mir lebt. Er sieht seinen Papa allerdings regelmäßig. Ich würde gern wieder zurück nach Hause zu meiner Familie ziehen. Brauche ich dafür die Erlaubnis von meinem Expartner?*

Es ist absolut verständlich, dass es dich zurück in die Heimat zieht. Wenn eine Beziehung in die Brüche geht, sehnt man sich oft nach den Eltern oder Geschwistern, die für einen da sind. Und Oma und Opa sind meist auch noch gern Babysitter.

Trotzdem muss dein Expartner damit einverstanden sein. Dabei gibt es keine festgelegte Kilometerzahl, die ohne Zustimmung vom Vater nicht überschritten werden darf.

Wenn deine Heimat nicht nur einen Stadtteil weiter ist, dann veränderst du den Lebensmittelpunkt eures Sohnes. Er muss in einen neuen Kindergarten, vielleicht sieht er seine Freunde nicht mehr wieder oder kann nicht mehr zum geliebten Kinderturnen. Deshalb – und wenn die Entfernung den Umgang mit dem Vater erschwert – muss dieser zustimmen. Wenn er das nicht tut, kannst du vor Gericht das alleinige Aufenthaltsbestimmungsrecht für euren Sohn beantragen.

Vor dem Familiengericht wird das Wohl des Kindes allerdings weitaus stärker gewichtet als die Gründe der Eltern. Es geht vor allem darum, wie es dem Kind mit dieser Entscheidung gehen wird. Könnte der Vater häufiger babysitten? Dann hat das Argument der besseren Betreuung durch die Großeltern unter Umständen nicht mehr viel Tragkraft. Versucht, gemeinsam eine Lösung zu finden, und achtet darauf, mit welcher Entscheidung es eurem Kind am besten gehen könnte.

Mama-Tipps:

»Manchmal ist die einfachste Lösung, das Ganze zu besprechen und von dir aus Ideen anzubieten, wie es gehen könnte. Also mehr Entgegenkommen auf deiner Seite, weil du ja wegwillst. Hat zumindest bei uns funktioniert.«

»Ich bin ohne Vater aufgewachsen und habe darunter gelitten. Wenn der Vater deines Kindes ein guter Vater ist, solltest du darüber nachdenken: Würde dein Kind auch wegziehen wollen?«

Frage 85: Ich habe bereits ein Kind und heirate wieder. Kann mein Kind auch den neuen Namen annehmen?

> *Ich habe bereits eine Tochter aus einer früheren Beziehung. Mein Expartner und ich teilen uns das Sorgerecht. Mittlerweile lebe ich mit meinem neuen Freund zusammen, und wir werden heiraten. Ich möchte, dass meine Tochter unseren neuen Familiennamen annimmt. Muss der Vater dafür seine Einwilligung geben?*

Auch wenn er dein Expartner ist und du eine neue Familie gründest: Er bleibt immer der Vater deines Kindes. Ihr müsst immer versuchen, euch abzustimmen und in wichtigen Dingen einig zu sein. Dein Kind kann den neuen Familiennamen annehmen, wenn es auch hauptsächlich bei dir lebt. Und der Vater muss der Namensänderung zustimmen! Wenn eure Tochter schon fünf Jahre oder älter ist, muss auch sie einverstanden sein. Eine Alternative ist ein Doppelname. Oft ist es für die Kinder schöner, den Namen der Familie zu tragen, vor allem, wenn noch Geschwister nachkommen.

Mama-Tipps:

»Meine Eltern haben mich damals selbst entscheiden lassen, wie ich heißen will. Bis ich dafür alt genug war, habe ich meinen alten Nachnamen behalten.«

»Mein Mann und ich haben auch geheiratet. Mein Sohn aus der vorherigen Beziehung hat den gleichen Nachnamen wie ich. Darum haben wir entschieden, dass mein Mann unseren Familiennamen annimmt. Alternativ hätte ich einen Doppelnamen genommen, sodass mein Sohn meinen Namen behält und für andere noch ersichtlich ist, dass das Kind zu mir gehört.«

Frage 86: Ich will während der Elternzeit in Teilzeit arbeiten. Welche Rechte habe ich?

> *Ich bin seit einem Jahr in Elternzeit, und mein Arbeitgeber macht es mir sehr schwer, wieder in den Job einzusteigen. Ich soll etwas ganz anderes machen als vorher. Außerdem ist er nicht einverstanden, dass ich jetzt in Teilzeit arbeiten möchte. Vorher habe ich in Vollzeit gearbeitet. Aber es ist doch mein gutes Recht! Was kann ich jetzt machen?*

Leider ist das keine Seltenheit. Viele Arbeitgeber haben Vorurteile gegenüber Müttern: dass sie weniger flexibel wären, oft ausfallen würden und überhaupt oft Extrawünsche hätten. Ja, die neue Lebenssituation erfordert oft mehr Flexibilität auf beiden Seiten, aber fair ist das nicht. Deshalb solltest du deine Rechte gut kennen und überlegen, ob du sie notfalls gerichtlich durchsetzt.

Zunächst zu deinem Wunsch, nach einem Elternjahr in Teilzeit zu arbeiten: Per Gesetz hast du die Möglichkeit, insgesamt bis zu drei Jahre Elternzeit zu nehmen. Da das Elterngeld in der Regel für ein Jahr (plus eventuelle Partnerschaftsmonate) gezahlt wird, beginnen viele nach etwa zwölf Monaten wieder zu arbeiten. Die Elternzeit geht dann, sofern es beim Arbeitgeber so beantragt wurde, noch bis zum dritten Geburtstag des Kindes. In dieser Zeit gibt es unter Umständen ein Recht auf Teilzeit in Elternzeit. Zwischen fünfzehn und maximal dreißig Stunden pro Woche darfst du dann in der Elternzeit arbeiten. Allerdings müssen derzeit bestimmte Voraussetzungen erfüllt sein, wie eine Mindestbetriebsgröße (mehr als fünfzehn Mitarbeiter), dein Arbeitsverhältnis muss mehr als sechs Monate bestanden haben und, ganz wichtig: Du musst den schriftlichen Antrag unter Einhaltung der jeweils einschlägigen Frist einreichen (z. B. für den Zeitraum bis zum vollendeten dritten Lebensjahr des Kindes spätestens sieben Wochen vor Beginn der gewünschten Teilzeit in Elternzeit)! Wenn der Arbeitgeber nicht oder nicht fristgerecht auf diesen Antrag reagiert, gilt das als Zustimmung. Ablehnen muss er z.B. eine beantragte Verringerung der Arbeitszeit in einer Elternzeit zwischen der Geburt und dem vollendeten dritten Lebensjahr des Kindes innerhalb von vier Wochen, und zwar schriftlich. Die für eine Ablehnung erforderlichen dringenden betrieblichen Gründe nachzuweisen ist für den Arbeitgeber häufig mit einigem Aufwand verbunden.

Ob du die gleichen Aufgaben wie vorher bekommst oder in welcher Abteilung du arbeitest, hängt davon ab, was in deinem

Arbeitsvertrag steht. Was hier im Hinblick auf Art und Ort deiner Tätigkeit festgehalten wurde, gilt grundsätzlich auch während und nach der Elternzeit und ist unabhängig von deinem Teilzeitwunsch. Eine sogenannte Versetzungsklausel in deinem Arbeitsvertrag kann allerdings unter Umständen bedeuten, dass dein Arbeitgeber dich für dein vertraglich vereinbartes Gehalt (ggf. angepasst an deine Teilzeitquote) auch mit anderen (gleichwertigen) Aufgaben betrauen oder woanders einsetzen darf. Es kommt insoweit insbesondere darauf an, was arbeitsvertraglich vereinbart wurde und ob diese Vereinbarung wirksam ist.

Achte immer darauf, jeden Antrag fristgerecht zu stellen. Sprich mit deinem Vorgesetzten. Auch während der Babypause sollten Mütter (und Väter) im Kontakt mit dem Vorgesetzten und den Kollegen bleiben. So wird man nicht vergessen und bleibt auf dem neuesten Stand. Scheint es keine Einigung zu geben und lehnt dein Arbeitgeber deinen Antrag tatsächlich fristgerecht ab, solltest du abwägen: Die Chancen vor Gericht stehen für einen Arbeitnehmer häufig gut (wenn du dich an alle Fristen gehalten hast und die Voraussetzungen gegeben sind). Leider kann ein Rechtsstreit aber das Verhältnis zwischen Arbeitgeber und Arbeitnehmer trüben.

Du kannst die bis zu dreißig Stunden Teilzeit in Elternzeit nach Rücksprache und mit Zustimmung von deinem Arbeitgeber aber auch in einem anderen Betrieb arbeiten und trotzdem nach Ende der Elternzeit in deinen alten Job zurückkehren.

Kontaktiere auf jeden Fall einen Anwalt für eine Erstberatung, und lass dir genau erklären, welche Möglichkeiten du hast. Das ist meist gut investiertes Geld.

Mama-Tipps:

»Fraglich ist, ob du dort überhaupt noch arbeiten willst, wenn er dir jetzt schon Probleme macht? Ich kenne das. Mein Chef wollte mir es auch so schwer wie möglich machen, in der Hoffnung, ich sage von allein, ich komme nicht wieder. Ich habe mich bei einem Anwalt beraten lassen – die beste Entscheidung. Wir haben einen Plan gemacht, ich war für alle Gespräche gewappnet, und es hat sich alles zu meinem Vorteil gelöst.«

»Die meisten Mütter geben viel zu schnell auf und kündigen von allein, weil sie ihre Rechte nicht genau kennen – und nicht wissen, wie gut ihre Chancen stehen, ihren Teilzeitwunsch durchzusetzen. Manchmal muss man sich auch trauen, zu klagen. Gehen kannst du immer noch.«

»Das hilft dir jetzt nicht mehr – aber meine erste Handlung war, eine Rechtsschutzversicherung abzuschließen, als ich mich mit dem Kinderwunsch beschäftigt habe. Viel zu oft habe ich im Bekanntenkreis genau deine Situation mitbekommen.«

Frage 87: Der Krippenstart steht an – aber ich habe Probleme, mich von meinem Kind zu trennen. Was hilft da?

> *Meine Kleine ist jetzt ein Jahr alt, ich muss bald wieder arbeiten, und sie soll dann in die Krippe gehen. Leider bereitet mir dieses Thema Angst. Wir hatten einige Startschwierigkeiten, weshalb ich ständig in Sorge um*

sie war. Auch heute ist sie noch nicht ganz so weit wie andere Kinder in ihrem Alter. Ich habe Angst davor, sie alleinzulassen. Ich weiß, ich muss loslassen, damit sie selbstständig werden kann. Aber im Moment fühle ich mich unglaublich hilflos.

Den ersten wichtigen Schritt hast du schon getan: Du bist dir deiner Gefühle bewusst und kannst darüber sprechen.

Sprich mit den Erziehern über deine Ängste. Du bist sicher nicht die erste besorgte Mama. Die Erzieher werden dich unterstützen. Schließlich möchte niemand, dass die Eingewöhnung misslingt. Bei der Eingewöhnung sitzt die Mama/der Papa in den ersten Tagen mit im Gruppenraum. Passiv, aber immer da. Viele erkennen ihr Kind zwischen all den Spielsachen, aufregenden Bewegungsangeboten und anderen Kindern, die sich über ein neues Kind freuen, nicht wieder.

Sollte dem nicht so sein, halte auch Kriegsrat mit deinem Partner: Vielleicht ist der ganzen Familie mit einem weiteren Elternjahr am besten geholfen.

Wenn es dir sehr schlecht geht, gibt es auch unabhängig von der Kita Hilfe: Erziehungsberatungsstellen unterstützen Eltern, besonders solche mit traumatischen Erlebnissen. Dort werden deine Ängste, mit denen auch dein Kind konfrontiert ist, eingeschätzt und besprochen, und du bekommst Tipps, wie du dein Kind unterstützen kannst. Ihr steht vor einem wichtigen Übergang im Leben, dem Start in die Fremdbetreuung. Wenn es dir damit nicht gut geht, kann es deinem Kind auch nicht gut gehen.

🧸 Mama-Tipps:

»Mein Sohn war genauso. Hätte ich damals gewusst, wie er sich weiterentwickelt, hätte ich mir einige Sorgen sparen können. Er ist nun fast zwölf und überhaupt der Coolste, der rumläuft, aber trotzdem sehr lieb. Mach dir nicht so viele Gedanken, die Kinder gehen ihren Weg.«

»Ich hatte auch solche Ängste. Dann kam ein Probetag in der Kita. Es war ein Traum. Es kam ein etwas älteres Kind und fragte uns, wie unser Sohn heiße. Ich antwortete, er guckte ihn an, nahm seine Hand und sagte: ›Komm mit, ich zeig dir den Spielplatz.‹ Ich habe immer noch Glückstränen in den Augen, wenn ich daran denke. Kinder sind so viel offener. Und ohne Mama in Sicht sogar sehr mutig. Das musste ich auch erst lernen.«

»Vielleicht solltest du versuchen, mit anderen Eltern aus der Kita in Kontakt zu treten. So kennt dein Kind vorher schon ein oder zwei andere, und es wird ihm am Anfang bestimmt leichter fallen. Bei uns hat auch der Papa die Eingewöhnung übernommen. Er war weniger emotional und konnte besser loslassen als ich.«

Frage 88: Mein Kind weint bei der Eingewöhnung sehr viel. Wie bekommen wir das hin?

>> *Mein Sohn ist jetzt vierzehn Monate alt, und wir machen seit drei Wochen die Eingewöhnung in der Krippe. Ich bin erst mit im Raum, dann muss ich mich*

> *verabschieden und für zwanzig bis vierzig Minuten in einen anderen Raum. Er schreit dann ununterbrochen, bis ich wieder hereingeholt werde. Ist das normal?*

Das Herz tut jeder Mama weh, wenn das Kind während der Eingewöhnung weint. Kann die Erzieherin es denn gut trösten? Dass dein Kleiner weint, ist ganz normal und ein Zeichen, dass ihr beiden eine sichere Bindung habt. Hättet ihr die nicht, würde er unter Umständen emotionsloser auf die Trennung reagieren. Dein Sohn weiß, dass er dir seine Gefühle und Ängste zeigen kann und dass du darauf immer reagierst. Das gibt ihm Sicherheit. Gehst du weg, fehlt ihm diese Sicherheit. Wenn es Zeit für die erste Trennung ist, sollte dein Sohn schon eine Beziehung zu seiner Bezugserzieherin aufgebaut haben, also einer weiteren Person vertrauen können und sich von ihr nach kurzer Zeit trösten und beruhigen lassen. Wenn das sehr lange dauert oder er sich gar nicht ohne dich beruhigt, ist er wahrscheinlich noch nicht bereit für die ersten Trennungsversuche von dir.

Zur Theorie der Krippen-Eingewöhnung:
Die meisten Kitas wenden heute standardisierte Abläufe für die Eingewöhnung an, das Berliner oder auch das Münchner Modell sind die häufigsten. Jedes Kind ist zu Beginn immer mit der Mutter (oder dem Vater) gemeinsam in der Kitagruppe. Mit ihnen gemeinsam entwickelt es langsam eine Beziehung zur Erzieherin. Nach und nach entfernt sich das Kind von der Mama, erkundet den Raum und spielt mit der Erzieherin. Erst dann ist es Zeit für die erste Trennung. Meistens ist das nach drei Tagen bis einer Woche so. Mama geht für fünf Minuten raus, nachdem sie sich vom Kind verabschiedet hat. Wenn das nicht klappt, das

Kind sich also nicht beruhigen lässt, wird mit der nächsten Trennung einige Tage gewartet. Ansonsten werden die Phasen, in denen die Mutter nicht da ist, immer länger. Das Kind nimmt an den Abläufen der Gruppe teil und gewöhnt sich ganz langsam an den Kindergartenalltag. Sein »sicherer Hafen« ist nun die Bezugserzieherin. Deine Schilderung lässt vermuten, dass die ersten Trennungen zu früh stattgefunden haben. Manche Kinder brauchen länger, um eine neue Bindung aufzubauen. Diese Zeit muss jedes Krippenkind bekommen. Wenn eine Eingewöhnung sechs oder acht Wochen dauert, liegt das im normalen Rahmen. Sprich mit der Erzieherin. Vielleicht könnt ihr noch einmal von vorne anfangen. Manchen Kindern hilft es, die Bezugserzieherin zu wechseln. Leider gibt es auch Fälle, in denen Erzieher oder Kitaleitung nicht zum Wohl des Kindes entscheiden. Dann wäre es für dein Kind das Beste, nach einem halben Jahr Pause in einer anderen Einrichtung neu zu starten.

Mama-Tipps:

»Mein Kleiner kam mit einem Jahr in die Krippe. Es war ein totales Drama. Ich habe dann sein Lieblingsstofftier und ein Bild von uns mitgegeben. Das hat gut geklappt.«

»Auch bei uns war viel Herzschmerz. Umso schöner ist es jetzt, wo wir merken, sie ist angekommen und lernt jeden Tag was Neues dazu. Wir haben zwölf Wochen gebraucht. Viel Kraft, es wird gut werden!«

»Wenn das geht, vielleicht lieber den Papa schicken? Meine Kleine weint bei mir und beim Papa nicht.«

Frage 89: Mein Kind möchte plötzlich nicht mehr in die Kita, was kann ich tun?

> Mein Kleiner (fast zwei) will einfach nicht in den Kindergarten. Eine Zeit lang hat es super geklappt. Dann war er eine Weile krank, und jetzt geht gar nichts mehr. Er weint zu Hause und auf dem Weg dorthin. Die Erzieherin meint, er beruhige sich innerhalb weniger Minuten, sobald ich weg sei. Trotzdem finde ich das schlimm. Was kann ich tun?

Du nimmst seine Gefühle ernst. Das ist schon mal das Wichtigste. Denn es geht ihm offensichtlich gerade nicht gut. Vielleicht hat sich in der Zeit, die er krank war, etwas im Kindergarten verändert, und das verunsichert ihn. Vielleicht war auch die Eingewöhnung zu kurz? Manche Kinder schaffen die ersten Wochen im Kindergarten ziemlich problemlos, und alles scheint in Ordnung. Dann erst verlässt sie die Kraft, und sie wehren sich gegen die anstrengende Zeit, die ihnen morgens bevorsteht. Und einfach so mal keine Lust haben … Wer kennt das nicht? Versuche, deinem Kind auch mal kurze Kitatage zu ermöglichen und ihm am Nachmittag Mama-Kind-Verwöhnzeit zu schenken. Gut wäre es, wenn du noch einmal eine Minieingewöhnung machen könntest. Setz dich zu ihm in die Gruppe und beobachte ihn: Ist etwas anders als zu Beginn seiner Kitazeit? In welchen Situationen scheint es deinem Sohn nicht gut zu gehen? Auch ein Streit unter Kindern oder eine neue Erzieherin sind Gründe, die man ernst nehmen muss. Sprich mit den Erziehern und lass dir seinen Tagesablauf schildern. Vielleicht hilft ihm auch schon deine Anwesenheit, um noch einmal neues Vertrauen in den Kindergarten zu gewinnen.

Auf jeden Fall hast du erkannt, dass etwas getan werden muss. Kinder können ihre Not oft nicht anders ausdrücken als mit Tränen und Protest. Wenn es über lange Zeit nicht besser wird und auch die Erzieher wenig beisteuern können, denke über einen Wechsel, unter Umständen zu einer Tagesmutter, nach.

Mama-Tipps:

»Was bei uns geholfen hat: Er durfte am Fenster stehen und winken, während ich zum Auto gegangen bin (natürlich mit Sichtkontakt). Von da an gab es keine Tränen mehr.«

»Kannst du seine Kindergartengruppe durch Fotos eventuell mehr in deinen Alltag zu Hause integrieren? Ein Fotobüchlein mit Bildern der Erzieherin und den anderen Kindern?«

»Diese Phase hatten wir auch. Ich habe ihr auf dem Weg in die Kita immer aufgezählt, welche Freunde alle auf sie warten. Und was sie da Tolles machen wird. Wir haben die Lieder aus der Kita auf dem Weg dahin gesungen. Die Kleinen müssen erst lernen, dass wir sie immer wieder holen kommen. Bei uns hat es etwa vier Wochen gedauert, dann war alles wieder gut.«

Frage 90: Das Geld reicht nicht. Wo bekomme ich finanzielle Unterstützung her?

Wir haben uns getrennt, und ich werde mit den beiden Kindern ausziehen. Nach der Elternzeit kann ich wieder in meinem alten Job arbeiten. Trotzdem muss ich nun alleine Miete zahlen, die Kinder und mich versorgen, und dafür reicht das Geld nicht. Gibt es in solchen Fällen Stellen, die einem helfen?

Leider kommen mit einer Trennung oft auch finanzielle Probleme auf die Eltern zu – vor allem auf den, der sich von nun an hauptsächlich um die Kinder kümmert. Es gibt für Alleinerziehende einige Hilfen und Regelungen, um sie vor allzu großen Problemen zu bewahren.

Elterngeld

Wenn du alleine mit deinen Kindern wohnst, stehen dir vierzehn Monate Basiselterngeld zu. Unter bestimmten Voraussetzungen kannst du auch den Partnerschaftsbonus beantragen – wenn du also zwischen 25 und dreißig Stunden in der Woche arbeitest, steht dir noch vier Monate lang das Elterngeld Plus zur Verfügung.

Unterhalt/Unterhaltsvorschuss

Alle Eltern sind ihren Kindern gegenüber unterhaltspflichtig. Bei einer Trennung muss der Unterhalt, den beide Eltern leisten, berechnet werden. Meistens zahlt der Partner, bei dem die Kinder nicht leben, einen Betrag an den anderen. Wieviel das ist, hängt vom Alter der Kinder und dem Einkommen ab und lässt sich in der sogenannten Düsseldorfer Tabelle nachlesen. Komplizierter wird es, wenn der Partner nicht zahlen kann oder will. Dann hilft das Jugendamt oder ein Fachanwalt für Familienrecht. Für die Anwaltskosten gibt es bei entsprechend geringem Einkommen auch finanzielle Beratungshilfe, die beim Amtsgericht beantragt wird. Wenn es dem unterhaltspflichtigen Elternteil nicht möglich ist zu zahlen, kann der andere einen Unterhaltsvorschuss beim Jugendamt beantragen. Voraussetzung ist, dass das Kind hauptsächlich beim nicht-unterhaltspflichtigen Elternteil lebt. Der Unterhaltsvorschuss ist eine Vorleistung. Das Jugendamt holt sich diesen vom unterhaltspflichtigen Elternteil zurück, wenn möglich. Achtung: Der Vorschuss ist nie so viel, wie der gesetzliche Mindestunterhalt für das Kind wäre. Wer Kinder unter drei Jahren hat, dem steht unter Umständen auch Betreuungsunterhalt vom unterhaltspflichtigen Elternteil zu. Dafür muss dein Expartner aber auch ein entsprechendes Einkommen haben.

Transferleistungen

Auch wenn du arbeitest, kann es sein, dass dir Arbeitslosengeld II (ALG II) zusteht. Das ist der Fall, wenn dein Einkommen nicht für dich und die Kinder reicht. Alleinerziehende erhalten je nach Alter und Anzahl der Kinder zusätzlich einen sogenannten Mehrbedarf. Kinder erhalten ein Sozialgeld, dessen Höhe altersabhängig ist. Zu den Leistungen des ALG II gehört auch Unterstützung zu Miete und Heizkosten. Einmalige Unterstützung für die Erstausstattung einer Wohnung inklusive der Haushaltsgeräte kann dir entsprechend der Richtlinien deines Jobcenters gewährt werden. Unter bestimmten Bedingungen kannst du auch die Übernahme der Umzugskosten beantragen. Informiere dich am besten immer vorher, ab und unter welchen Bedingungen du einen Anspruch auf diese Hilfen hast! Wer zwar so viel verdient, dass er – nach einer bestimmten Berechnungsgrundlage – für sich, aber nicht für die Kinder sorgen kann, der kann unter Umständen einen Kinderzuschlag bei der Familienkasse beantragen. Seine Höhe hängt vom Einkommen ab und wird bei der Familienkasse beantragt. Den Kinderzuschlag bekommt nur, wer kein ALG II bezieht. Beides hat seine Vor- und Nachteile. Lass dich am besten beraten, was für dich am günstigsten ist. Wohngeld (Zuschuss zu den Wohnkosten) ist ebenfalls eine Option für Haushalte mit geringem Einkommen. Das kannst du bei der Wohngeldstelle deines Heimatortes beantragen.

Beratung gibt es für Alleinerziehende unter anderem hier:
- Orts- und Landesverbände des Verbandes alleinerziehender Mütter und Väter (VAMV)
- Die Arbeitsagenturen verfügen über spezielle Alleinerziehendenkoordinatoren, die in finanziellen Fragen helfen. Hier kann man sich auch telefonisch beraten lassen.
- Viele Ortsverbände der Caritas, Diakonie und von pro familia bieten Beratung für Familienfragen, Sozialberatung und bei Schulden.
- Jugendämter beraten in allen Fragen rund um Unterhalt und Sorgerecht.

Eine Beratung solltest du immer in Anspruch nehmen. Denn jeder Fall ist anders, und nur so kannst du die bestmögliche Unterstützung für dich und deine Kinder beantragen.

Mama-Tipps:

»Hol dir Rat bei einem Anwalt. Der hat bei mir alles ganz genau berechnet und super geholfen.«

»Ich habe bei der Elterngeldstelle gefragt, an wen ich mich wenden kann. Du wirst dich wundern, wieviele Stellen es gibt. Es ist nur mühsam, und keiner kommt von allein und gibt dir Geld, man muss viel nachfragen.«

Frage 91: Ich fühle mich überfordert – was hilft da?

> *Ich traue mich kaum, mein Problem anzusprechen. Ich bin komplett mit meinen Kräften und Nerven am Ende. Ich kann einfach nicht mehr. Ich bin nur noch genervt und fühle mich überfordert mit meinem Kind. Was kann ich tun? Ich möchte nur, dass dieser Zustand aufhört!*

Du glaubst, mit dir stimme etwas nicht. Du siehst all diese liebevollen und geduldigen Mütter. Und du denkst dir: Warum kann ich nicht so sein, nicht so fühlen? Was du nicht siehst, ist, dass laut Familiencoaches mindestens einem Drittel aller Mütter irgendwann alles über den Kopf wächst, sie körperlich und seelisch am Limit sind. Wenn dieses Gefühl dich über einen längeren Zeitraum hinweg richtig unglücklich macht, solltest du etwas unternehmen. Das fällt Mamas unglaublich schwer. Familientherapeuten sprechen in diesem Fall von einem Urschmerz, den du als Mama spürst. Es ist eines der größten Tabuthemen, dass eine Mama eingesteht: Alles ist mir zu viel. Du, mein Kind, bist mir zu viel!

Die Wut, Frustration und Ohnmacht bekommen oft die schwächsten Glieder in der Kette ab, die sich nicht wehren können: die Kinder. Das Wichtigste ist, dass deinem Kind nichts passiert, du es nicht emotional abstrafst für deine Überforderung, es grob ablegst oder Gefahr läufst, es zu schütteln. Wenn du in einer konkreten Situation einfach nicht mehr kannst, zieh dich kurz zurück und verlasse die Stresssituation. Gehe in einen anderen Raum. Öffne dort das Fenster, atme ganz tief ein und denke an etwas Schönes. Aber vor allem langfristig brauchst du Hilfe. Sprich mit deiner Hebamme, der Kinderärztin oder deiner Frauenärztin. Die wissen, an wen du dich wenden kannst. Lass deine Hormone checken, auch die können schuld an deinem seelischen Tief sein, genauso wie eine postpartale Depression (s. Frage 5). Auch das Jugendamt kann helfen und Rat suchenden Eltern eine Familienhelferin an die Seite stellen. Die hilft dir, mit dem Alltag besser klarzukommen. Das Müttergenesungswerk bietet neben kostenlosen Beratungen in rund 1300 Stellen auch Mutter-Kind-Kuren in 82 Kliniken an, auch das kann helfen. In der Regel werden die Kosten von der Krankenkasse übernommen.

Vor allem: Gib dich nicht auf. Es kann nur besser werden – und es wird besser! Du wirst es aushalten.

Such dir Hilfe – den Weg, der für dich der richtige ist. Der wichtigste Punkt ist, dass du dich mitteilst, dich anderen anvertraust und ein Ventil für deine negativen Gefühle findest. In ein paar Monaten wirst du sehr glücklich mit deinem Kind sein und nur noch eine immer blasser werdende Erinnerung an diese schlechte Zeit haben.

Mama-Tipps:
»Such online nach Patenschaften für Familien in Not. Ehrenamtliche Helfer kommen im ersten Jahr nach der Geburt für einige Stunden pro Woche nach Hause und entlasten dich.«

»Ich kann das so gut nachfühlen, mir ging es genau wie dir. Ich kann dir nur sagen, es ging vorbei, und heute liebe ich mein Kind über alles. Ich habe mich damals meiner besten Freundin anvertraut, die hat mir mein Baby dann einmal pro Woche abgenommen, und ich habe etwas Schönes nur für mich gemacht. Nicht jeder hat so ein Glück, aber bei mir hat es total geholfen. Mehr noch, dass ich endlich jemandem davon erzählen konnte, der mich nicht verurteilt hat.«

Frage 92: Wie schaffe ich es, Haushalt und Kind besser zu organisieren?

> *Mich interessiert, wie ihr Haushalt und Kind unter einen Hut bekommt. Mein Sohn ist vier Monate alt und fordert viel Aufmerksamkeit. Tagsüber versuche ich die nötigsten Dinge wie Wäschewaschen, Kochen, Flaschen reinigen etc. zu erledigen. Einkaufen gehe ich natürlich auch. Trotzdem bleiben die zeitaufwendigen Dinge wie Bodenwischen und Badputzen auf der*

Strecke. Mich stresst das Chaos, weil unsere Wohnung vor der Geburt immer sehr ordentlich war. Auch wenn ich den Mittagsschlaf zum Aufräumen nutze, sieht man abends davon nichts mehr. Ich habe das Gefühl, ich schaffe nur das Baby und nichts anderes mehr! Wie kann ich mich besser organisieren?

Nachsorgehebammen sagen gerne mal: »Wenn ich in einen Haushalt komme, und es sieht aus, als wäre gerade eingebrochen worden, weiß ich: Es ist alles normal. Wenn mich aber die Mutter schick angezogen und geschminkt in einer klinisch reinen Wohnung empfängt, mache ich mir Sorgen. Dann frage ich mich, ob sie ein anderes Problem hat, das sie mit Ordnung kompensiert.« Soll heißen: Eine Chaoswohnung gehört zu dir als Mama fast so wie der Kinderwagen.

Die Wohnung hat großen Einfluss auf das Wohlbefinden. Ordnung fühlt sich gut an, strukturiert. Das Undankbare an Hausarbeit ist, dass sie nur ins Auge sticht, wenn sie nicht gemacht wurde. Eben hast du noch die Küche gewischt, eine Stunde später haut dir dein Kind den Teller samt Karottenbrei um die Ohren. Und manchmal will man auch selbst einfach mal nur schlafen, wenn das Kind schläft.

Vielleicht solltet ihr ausrechnen, ob sich eine Haushaltshilfe/Putzfrau lohnt, die zum Beispiel jede oder alle zwei Wochen für zwei Stunden kommt. Wenn die Oma in der Nähe wohnt, könnte sie auch an einem festen Tag in der Woche drei Stunden lang aufpassen, damit du einmal gründlich reinigen kannst. Viele Familien haben auch eingeführt, dass einer am Samstagvormittag mit dem Baby spazieren geht und der andere in dieser Zeit in Ruhe aufräumen kann.

Mama-Tipps:

»Bei mir war das ganz genauso. Das hat sich in den nächsten zwölf Monaten auch nicht geändert. Ich habe gelernt, meinen Perfektionismus abzulegen. Mein Mann sagt immer: Lieber komme ich nach Hause, und es sieht chaotisch aus – und ihr seid glücklich –, als in eine blitzblanke Bude mit gestresster Frau!«

»Ich habe für mein Kind eine Babyschaukel gekauft. Man darf die Kleinen darin zwar nicht so lange liegen lassen, aber mein Baby fand das toll, sie hat mir darin einfach zugeschaut, wie ich aufgeräumt habe, und fröhlich vor sich hin geschaukelt.«

Frage 93: Mein Kind ist nur auf mich fixiert. Wie kann ich das ändern?

> *Meine vier Monate alte Tochter fremdelt seit ein paar Wochen sogar beim Papa. Ich kann nicht mal alleine duschen gehen, geschweige denn zum Rückbildungskurs. Sie weint und brüllt, sodass nur ich sie wieder beruhigen kann. Der Papa ist schon ganz traurig. Ich brauche dringend Rat.*

Klar, das ist enttäuschend: Ihr habt euch beide so sehr auf eure Tochter gefreut, sie kam, und alles war gut – und nun scheint sie vom Papa nichts mehr wissen zu wollen. Seht es so: Die Kleine hat sich für ihre vier Monate schon toll entwickelt. Sie kann zwischen verschiedenen Personen unterscheiden und hat eine Beziehung zu euch entwickelt.

In den ersten sechs Monaten bindet sich fast jedes Kind zunächst nur an eine Person. Und zwar an die, die es den ganzen Tag sieht, die es füttert und meistens wickelt, deren Stimme es permanent hört und deren Geruch für das kleine Baby seit der Geburt zum Alltag gehört – kurz: an dich. Diese Rolle kann jeder übernehmen, es ist aber in unseren Kulturkreisen meistens die Mutter. Es gibt einen schönen Spruch: »Die Stunde der Väter kommt später.« Hat Baby eine sichere Bindung zur Mama aufgebaut, kommt Bindung Nummer zwei. Und das ist endlich der Papa, etwa nach sechs bis acht Monaten. Papa muss aber auch etwas dafür tun: Wenn er da ist, ist Babyzeit. Spielen, kuscheln, wickeln ... alles, was ansteht, und zwar wenn möglich ohne Mama im Hintergrund. Wenn die Kleine nicht möchte, erzwingt es nicht. Aber es wird mehr. Nicht wenige Kinder haben dann vor dem ersten Geburtstag sogar eine richtige »Papaphase«. Genieße es, dann hast du endlich mal wieder Zeit für dich.

Mama-Tipps:
»Wir hatten das auch mal kurz, wir haben dann tagsüber ein T-Shirt von ihm mit zum Baby gelegt. Das hat tatsächlich geholfen, und sie hat nicht mehr so geweint bei ihm.«

Frage 94: Kann man ein Baby zu sehr verwöhnen?

> *Meine Kleine ist jetzt fast vier Monate alt, und sie ist eigentlich nur auf meinem Arm glücklich. Viele sagen zu*

> *mir, ich habe sie zu sehr verwöhnt. Am besten solle ich ihr dieses (Einschlaf-)Ritual wieder abgewöhnen. Was ich mich frage: Kann man Babys wirklich verwöhnen?*

Diese Bredouille kennt fast jede Mama: Du willst nur das Beste für dein Baby, und dann darfst du dir von anderen anhören, dass du dein Kind zu sehr verwöhnst. Was du dir aber auch bewusst machen musst: Niemand meint es böse. Sie wollen dir vielmehr nahelegen, dir einen Weg zu suchen, der dir den Alltag mit Baby erleichtert. Aber wenn dein Kind eben nur so einschläft und ansonsten ununterbrochen brüllt, ist die Armvariante für dich immer noch die einfachere.

Ist es Verwöhnen, wenn dein Baby schreit – und du immer sofort zur Stelle bist, um es herumzutragen? Immerhin bedeuten deine Arme Trost und Wärme, wenn sich dein Baby nicht gut fühlt, und Unterhaltung, wenn es sich langweilt. Deine Arme sind, bevor es sich aufrichten und krabbeln kann, auch Babys einziges Fortbewegungsmittel. Was dich als Mama dann oft umtreibt, ist die Angst, ein Ritual eingeführt zu haben, das du ihm nie wieder abgewöhnen kannst. Das ist aber nicht der Fall. Dein Baby durchläuft so viele Phasen und Schübe – und hat ständig wechselnde Bedürfnisse.

Fakt ist: Babys brauchen in den ersten Wochen und Monaten sehr viel Nähe. Ein Baby, das sich der elterlichen Fürsorge und sofortiger Bereitschaft sicher sein kann, entwickelt ein ganz anderes Selbstbewusstsein. Es fühlt sich in Stresssituationen viel sicherer (wenn ich mich melde, rettet mich Mama sofort). Kinderpsychologen gehen davon aus, dass sie später weniger Verlustängste entwickeln, wenn sie viel getragen werden und nicht stundenlang allein im Kinderwagen oder Kinderbett liegen.

Auch Familiencoaches sind der Ansicht, kleine Babys können gar nicht genug verwöhnt werden. Gib so viel Liebe und Zuneigung, wie du kannst. Höre im Zweifel immer auf deinen Mutterinstinkt. Der hat diesen Namen nicht umsonst.

Mama-Tipps:

»Es ist dein Kind, und du weißt am besten, was es wann genau braucht. Und wenn es deine körperliche Nähe ist, dann ist das eben so. Mit achtzehn Jahren wird kein Kind mehr von Mama und Papa auf dem Arm geschaukelt. Höre einfach auf dein Herz und deinen Bauch.«

»Genieße es, wenn dein Baby auf deinem Arm einschläft. Sie werden so schnell groß, dann vermisst du diese Zeit sehr.«

Frage 95: Schadet es meinem Kind, wenn ich auf mein Handy schaue?

> *Ich muss mich jetzt mal outen: Ich surfe beim Stillen oft mit dem Handy im Internet. Mein Baby trinkt sehr lange, und ich erledige dabei viel am Smartphone. Meine Freundin hat mir deshalb nun ein total schlechtes Gewissen gemacht – wie ich mit dem Handy hantieren könne, wenn mein Baby dabei ist. Ist das wirklich so schlimm?*

Das Smartphone ist vor allem für Mamas die Verbindung zum

Leben da draußen, von dem man im ersten Baby-Jahr ganz schön abgekapselt ist. Außerdem erledigst du im Zweifel fast alles damit: News lesen, ein bisschen shoppen, schauen, was die Freunde so machen. Gerade beim Stillen: Baby ist beschäftigt und trinkt genüsslich mit geschlossenen Augen. Da kann man in Ruhe surfen, das merkt das Baby ja gar nicht.

Aber Kinderärzte haben da eine klare Meinung: Es ist nicht egal, ob du beim Stillen surfst, oder deinem Kind deine volle Aufmerksamkeit schenkst. Sie betonen, dass selbst Säuglinge ganz genau merken, ob Mama gerade komplett bei ihnen oder abgelenkt ist. Überlege dir gut, wie oft du im Beisein deines Kindes nach dem Smartphone greifst. Es ist mehr, als du denkst: Im Schnitt greifen die Deutschen 88 Mal pro Tag zum Handy[15]. Das bedeutet: Zwischen zwei und drei Stunden verbringt jeder täglich mit seinem Telefon.

Der Augenkontakt von Mama und Baby ist wichtig. Muss dein Baby mit einem Smartphone, Computer oder Fernseher um deine Aufmerksamkeit konkurrieren, bedeutet das für das Baby Stress und Unsicherheit. Außerdem haben Forscher herausgefunden, dass schon Babys unter einem Jahr häufiger unter Fütter- und Einschlafstörungen leiden, wenn Mutter oder Vater parallel zur Betreuung des Kindes digitale Medien nutzen[16]. Später im Leben gibt es einen Zusammenhang zwischen starker Mediennutzung und Entwicklungsstörungen, wie verzögerter Sprachentwicklung und motorischer Hyperaktivität.

Im Endeffekt muss natürlich jede Mama selbst entscheiden, wann und in welchem Umfang sie ihr Handy nutzt. Es hilft allerdings schon, wenn du für dich ein paar Regeln aufstellst und nicht immer gedankenlos zum Telefon greifst – und dein Baby dann ständig in der Warteschleife hängt.

Mama-Tipps:
»Ich stelle mein Telefon immer lautlos, sodass ich nicht bei jedem Piep danach schaue. Im Beisein meiner Tochter beantworte ich nur ganz wichtige WhatsApp-Nachrichten und Anrufe.«

Frage 96: Ich fühle mich einsam, weil sich meine alten Freunde von mir abwenden. Wie kann ich das ändern?

> *Kennt ihr das auch: Freunde wenden sich von euch ab, sobald ihr ein Kind bekommen habt? Ich bin mit meinem Kind nicht flexibel für spontane Verabredungen und werde mittlerweile gar nicht mehr gefragt, ob ich irgendwo mit hin möchte. Wie geht ihr damit um? Ich vermisse meine Freunde.*

Das kennen tatsächlich ganz viele Mamas: Freundschaften sortieren sich neu, wenn das Baby da ist. Du hattest neun Monate Zeit, dich auf das Leben mit Kind einzustellen – und trotzdem hat man oft mit diesem neuen Leben zu kämpfen. Für deine Freunde bist du als Mama plötzlich eine Person mit völlig anderen Themen. Und hast auch noch jedes Mal einen neuen kleinen Menschen im Schlepptau, den niemand eingeladen hat. Dein Alltag, deine Prioritäten, deine Hobbys, deine Gesprächsthemen – vieles, was deine Persönlichkeit ausmacht, hat sich komplett verändert.

Das müssen Freunde erst mal aushalten. Gute Freunde können das, auch wenn der Kontakt vielleicht erst mal weniger wird.

Hab Verständnis und sei nicht beleidigt. Es ist normal: Fehlt einem selbst der Bezug zu einem Thema, interessiert es leider auch weniger. Gib ihnen Zeit, sich an die neue Situation zu gewöhnen. Melde dich auch häufig. Erkläre, dass du Angst hast, sie zu verlieren. Eine gute Idee ist es auch, sich zu treffen oder zu telefonieren, wenn das Kind schläft. Dann hat unser Gegenüber die volle Aufmerksamkeit und erlebt dich auch mal wieder in der Hauptrolle Freundin statt Mutter. Wenn sich die Freunde langfristig mit der neuen Situation nicht anfreunden können und abwenden, dann ist es eine traurige, aber auch unvermeidbare Konsequenz, diese Freundschaft auf Eis zu legen. Für einen selbst ist es hart, wenn gerade gute Freunde sich nicht für das Schönste und Tollste, was je im Leben passiert ist, interessieren. Oder noch schlimmer: davon genervt sind. Aber keine Sorge! Dafür ergeben sich automatisch ganz viele neue Freundschaften – mit einem sehr wichtigen gemeinsamen Nenner: Kindern!

Das braucht allerdings oft etwas Zeit, und man muss auch einiges dafür tun: zu Stilltreffen oder Krabbelgruppen gehen und sich trauen, auf andere zuzugehen. Außerdem nähert man sich den alten Freunden spätestens dann wieder an, wenn sie selber Kinder planen und einen endlich verstehen können!

Mama-Tipps:

»Das ging mir genauso: Seit meine Tochter da ist, sind viele ›Freunde‹ gegangen. Aber das waren wohl auch keine echten Freunde. Wenn ich ehrlich bin, konnte aber auch ich nicht mehr viel mit ihnen anfangen. Man spricht ja am Anfang nur noch über das Baby, wie stolz man ist. Ich habe eine Bekannte wiedergefunden, die ich aus Schulzeiten kannte. Damals haben wir uns nicht verstanden, aber heute hat sie selbst eine Tochter, und wir sind schon so etwas wie beste Freunde geworden.«

»Bei mir war es auch so. Ich war dann in einer Krabbelgruppe, beim Babyschwimmen – und trotzdem habe ich niemanden kennengelernt. Ich war aber auch sehr schüchtern. Meine Rettung war eine Mama aus der Kita, die einfach auf mich zugegangen ist – heute sind unsere Kids beste Freundinnen. Sie ist zwar für mich noch keine richtige Freundin, aber immerhin jemand, mit dem ich etwas unternehmen kann. Und ich habe mir abgeschaut, wie sie es gemacht hat – einfach anquatschen. Ich war ja auch dankbar, ich denke mir, dann sind es andere Mamas auch.«

»Ich habe alles gemacht: Stilltreff, Rückbildung, Mamatreff (muss man googeln, bietet aber fast jede Stadt an), Krabbelgruppe, Babysport, Babymusik, Mamagruppen auf Facebook. Das Ergebnis: Ich habe drei neue, wirklich tolle Freundinnen. Ich liebe meine Mamas, und ich liebe es, mich mit ihnen auszutauschen! Geh raus, dahin, wo andere Mamas sind. Viel Glück!«

Frage 97: Ich wünsche mir ein zweites Kind, aber wann ist der richtige Zeitpunkt dafür?

> *Ich hadere gerade etwas mit mir. Meine Tochter ist jetzt zwanzig Monate alt und lebt so richtig auf, wenn*

sie mit anderen Kindern spielen kann. Ein Geschwisterchen wäre für sie eine unglaubliche Bereicherung. Auch ich habe eine tolle Schwester, die knapp zwei Jahre jünger ist. Unvorstellbar, wenn ich sie nicht hätte! Aber ich bin mit einem Kind oft schon so am Ende meiner Kräfte und weiß nicht, wie ich ein zweites Kind schaffen sollte. Sie schläft seit ein paar Wochen endlich durch! Außerdem möchte ich wieder arbeiten. Gibt es einen idealen Abstand für ein zweites Kind?

Es gibt keine »perfekte« Altersspanne zwischen Geschwisterkindern. Aber natürlich gibt es Untersuchungen, Empfehlungen, Statistiken – allerdings sollten deine persönlichen Umstände die größte Rolle bei der Entscheidung für ein zweites Kind spielen.

Zuerst einmal die Fakten: Laut Statistischem Bundesamt kamen zweitgeborene Kinder im Jahr 2014 durchschnittlich 3,3 Jahre nach dem ersten Kind zur Welt. Die meisten Eltern zeugten also das Geschwisterkind, als ihr erstes Kind knapp zweieinhalb Jahre alt war. Das deckt sich mit der Ansicht der Fachleute: Laut Entwicklungspsychologen beträgt der optimale Abstand zwischen zwei Geschwistern drei Jahre. Dann lässt die enge Verbindung des ersten Kindes mit den Eltern, vor allem der Mutter, in der Regel etwas nach. So hat Nummer eins nicht so sehr mit Eifersucht zu kämpfen. Außerdem sind die Kinder noch nah genug, um miteinander spielen zu können, aber das ältere ist schon um einiges verständiger und kann etwas »mithelfen«. Niemand kann das für dich und deine Familie entscheiden. Doch du kannst dir folgende Punkte durch den Kopf gehen lassen:

Dein Alter: Oft das dringendste Argument, wenn du zu

den Spätgebärenden gehörst, dir aber noch Familienzuwachs wünschst. Wenn du Ende dreißig bist oder dir Sorgen um deine Fruchtbarkeit machst, warte nicht. Sprich auch unbedingt mit deiner Frauenärztin darüber.

Belastbarkeit: Wenn dich ein Kind bereits an die Grenzen bringt und du es dir leisten kannst zu warten, dann warte. Ein zweites Kind läuft nicht einfach so mit, oft fühlen sich zwei Kinder mit geringem Abstand an wie Zwillinge. Ein enger Altersabstand ist keine Garantie, dass sich die Kinder gut verstehen. Es kann auch sein, dass die Kinder sich dann überwiegend streiten und ärgern. Das ist richtig belastend für das Nervenkostüm.

Wenn der Abstand mehr als drei Jahre beträgt, ist das erste Kind gerade »aus dem Gröbsten raus«, und alles geht von vorne los. Das kann wunderbar sein, denn man kann dem Neuankömmling mehr Aufmerksamkeit schenken. Aber das neue Baby kommt eben auch zu einem Zeitpunkt, wo man als Mama endlich mal wieder durchschlafen kann, nicht mehr wickeln muss und das Kind endlich selbstständiger wird.

Geld: Kinder sind teuer, im Schnitt gibt man 550 Euro pro Monat für eines aus[17]. In geringem Abstand brauchen sie vieles doppelt: Kindersitz, Bettchen etc., sie sind zeitgleich im Kindergarten und in der Schule.

Mama-Tipps:

»Meine Kinder sind nur eineinhalb Jahre auseinander. Es war schwierig in den ersten zwei Jahren, eine Belastungsprobe auch für unsere Beziehung. Jetzt sind sie neun und elf, und wir haben seit zwei Monaten ein weiteres Baby. Es ist so viel einfacher, weil die beiden schon so selbstständig sind. Ich genieße die Zeit mit meinem Baby so und werde diesmal auch nicht so schnell wieder arbeiten.«

»Ich habe zwei Kinder mit 21 Monaten Abstand. Auch wenn meine erste Tochter echt anstrengend war, hatte ich direkt wieder einen Kinderwunsch. Ich bereue es nicht, obwohl es hart war. Mittlerweile sind sie sieben und acht, und es ist perfekt so, wie es ist. Es ist doppelt so viel Arbeit. Aber auch doppelt so viel Liebe.«

»Man sollte nur dann ein zweites Kind bekommen, wenn man selbst möchte, und nicht, weil es besser wäre oder es bei irgendjemand anderem so einfach war. Meine Schwester und ich sind so unterschiedlich, wir haben nur gestritten, wir waren für unsere Mutter echt eine Herausforderung.«

Frage 98: Meine erste Geburt war ein Kaiserschnitt – kann ich beim zweiten Mal trotzdem normal gebären?

> *Ich bin mit dem zweiten Kind schwanger. Mein erstes Kind wurde nach endlosen Wehen per Kaiserschnitt geholt. Die Geburt ist zwei Jahre her. Nun wurde mir gesagt, ich könne mein zweites Kind sowohl normal gebären als auch mit einem weiteren Kaiserschnitt. Generell tendiere ich gerade eher zur Spontangeburt. Aber ich habe Angst, dass die Narbe unter der Geburt reißen oder sonst etwas schiefgehen könnte.*

Viele Schwangere mit vorangegangenem Kaiserschnitt haben Angst, dass ihre Narbe reißen könnte. Diese Uterusruptur (Gebärmutterriss) ist aber sehr selten.

In Deutschland wird mittlerweile jedes dritte Kind per Kaiserschnitt geboren[18]. Dein Körper muss sich davon gut erholen, bevor du eine zweite Schwangerschaft angehst. Frauenärzte raten daher dazu, mindestens zwölf Monate zu warten. Entscheidend ist auch, warum du einen Kaiserschnitt bekommen hast.

Gründe, die für eine Re-Sectio – einen erneuten Kaiserschnitt – sprechen:

- Das mütterliche Becken war/ist zu schmal für das Kind.
- mütterliche Adipositas (Fettleibigkeit, Gewichtszunahme über zwanzig Kilo während der Schwangerschaft)
- eine notwendige Geburtseinleitung (die Wehen nach einer Hormoninduktion belasten die Narbe stärker)
- eine Makrosomie des Babys (es wiegt mehr als vier Kilo)

Waren dagegen plötzlich abfallende Herztöne deines Kindes unter der Geburt oder eine Beckenendlage (Kind liegt mit Kopf nach oben im Mutterleib) ausschlaggebend für die Sectio, ist eine natürliche Geburt beim nächsten Mal möglich. Genauso, wenn der Auslöser die Placenta praevia war (die Plazenta liegt vor dem inneren Muttermund und verdeckt den Geburtskanal).

Die Re-Sectio-Rate im bundesweiten Schnitt liegt bei etwa 68 Prozent[19]. Ab zwei Kaiserschnitten hintereinander wird beim nächsten Mal eher ein erneuter Kaiserschnitt empfohlen.

Wichtig ist, dass du mit Arzt und Hebamme vorher genau die Risiken durchsprichst.

Mama-Tipps:

»Meine älteste Tochter kam per Notkaiserschnitt. Vor der Geburt meines Sohnes habe ich lange überlegt – ich wollte unbedingt normal entbinden. Das war ziemlich lang und schmerzhaft. Ich würde es aber trotzdem wieder so machen, denn wir waren nach zwei Tagen zu Hause. Das wäre nach einem Kaiserschnitt nicht möglich gewesen. Bei der Entscheidung geholfen haben mir Berichte von anderen Müttern, die nach einem Kaiserschnitt problemlos vaginal entbunden haben.«

Frage 99: Wie kann ich mein Kind auf sein Geschwisterchen vorbereiten?

> *Mein Sohn ist jetzt vierzehn Monate alt, und ich bin mit meinem zweiten Wunschkind schwanger. Allerdings habe ich jetzt gelesen, dass es gerade bei Geschwistern mit geringem Altersabstand häufiger zu Konkurrenzkämpfen kommt. Wie kann ich meinen Erstgeborenen schonend darauf vorbereiten, dass er bald nicht mehr alleine ist?*

Ob deine Kinder beste Freunde oder eher kleine Rivalen werden, kannst du nicht wirklich beeinflussen. Es gibt aber viele Möglichkeiten, die Weichen für eine ausgeglichene Geschwisterbeziehung zu stellen:

- Der richtige Zeitpunkt, dein Baby einzuweihen, dass Mama wieder schwanger ist, ist wichtig. Je jünger dein Erstgeborenes ist, desto später macht es Sinn. Meist erst kurz vor der Geburt, wenn dein Bauch schon rund ist und dein Kind die Bewegun-

gen durch die Bauchdecke erfühlen kann. Babys bis zwei Jahre haben noch keine Vorstellung von Zeit und sind bei einer sehr frühen Ankündigung eher irritiert und werden ungeduldig.
- Es gibt Kinderbücher zum Thema »Du bekommst ein Geschwisterchen«. Die erklären kindgerecht, warum Mamas Bauch dick und bald ein kleines Baby da ist.
- Du kannst dein Kind zu geeigneten Vorsorgeterminen bei deiner Frauenärztin oder Hebamme mitnehmen. Dann kann es die Herztöne hören oder beim Bauchabmessen »helfen«.
- Zeige deinem Kind Fotos, auf dem es selbst noch ein Säugling war, und erkläre ihm, dass es auch mal so klein war, wie Baby Nummer zwei heute ist.
- Mache vor deinem Erstgeborenen nicht die ganze Zeit Werbung, dass bald ein neuer Spielkamerad da ist. Sonst ist es eher enttäuscht über das schreiende Bündel, mit dem man noch gar nichts anfangen kann.
- Manche Familien führen das Neugeborene so ein, dass sie dem Erstgeborenen ein Geschenk samt Geschwisterchen aus dem Krankenhaus mitbringen.
- Wenn dein Partner dabei ist, teilt euch so oft es geht auf. Nicht beide auf das neue Baby fokussieren, wenn es zum Beispiel schreit. Am besten kümmert sich einer um das Baby und einer um das erste Kind. So kannst du Rivalitäten im Keim ersticken.
- Mache deinem Erstgeborenen klar, dass die geteilte Aufmerksamkeit nichts mit weniger Liebe zu tun hat. Schafft euch Zeit zu zweit, in der ihr schöne Sachen macht. Versuche, wichtige Rituale für dein Erstgeborenes beizubehalten, wie ein Buch vor dem Schlafengehen zu lesen oder morgens kuscheln im Bett.

Der Spagat, deinem älteren Kind die nötige Aufmerksamkeit zu schenken und deinem Säugling gerecht zu werden, ist nicht leicht. Es wird immer Phasen geben, in denen du dich mit der Doppelbelastung überfordert fühlst. Denke an die spätere Entlohnung. Geschwister, die sich lieben, sind das größte Geschenk füreinander – und auch für Mama und Papa.

Mama-Tipps:

»Auch wenn du schon ein Kind hast, versuche dich im Wochenbett wirklich auszuruhen. Am besten reicht dein Partner Elternzeit für die ersten Wochen nach der Geburt ein, oder die Oma kommt. Mir hat es außerdem geholfen, möglichst viele Mahlzeiten vorzukochen und einzufrieren. Am besten auch Gerichte, die dein älteres Kind gerne mag. Damit es nicht zurückstecken muss, weil das Baby da ist!«

»Ich habe immer versucht, mein Kind und mein Baby zusammenzubringen. Ich habe dem Älteren dann Sätze gesagt wie: ›Sieh mal, die Kleine guckt dir beim Spielen zu!‹ Oder: ›Sie möchte sehen, was du isst.‹«

»Mein Sohn hat sich gut in die Rolle des älteren Bruders eingefunden, weil ich ihn sehr viel gelobt habe, wenn er sich selbst angezogen hat oder etwas selber aufgeräumt hat. Er war dann ganz stolz auf seine Selbstständigkeit und hat seinem kleinen Bruder dann auch gerne geholfen und ›gezeigt, wie es geht‹.«

Frage 100: Welche Verhütungsmethode ist nach der Geburt die beste?

> *Ich habe den ersten Termin bei meiner Gynäkologin nach der Geburt meines Babys und mache mir Gedanken wegen der Verhütung. Ich hatte vor der Schwangerschaft die Drei-Monats-Spritze und war eigentlich sehr zufrieden. Nun suche ich Alternativen, was ich sonst noch machen könnte. Die Pille will ich ungern nehmen, Kondome sind für uns kein Thema. Ich habe auch schon an die Hormonspirale gedacht.*

Es gibt sehr viele Geschwisterkinder, deren Geburtstage ungeplanterweise sehr nah beieinanderliegen. Viele Mamas gehen irrtümlich davon aus, dass Stillen einen Empfängnisschutz bietet. Kann, muss aber nicht – theoretisch kannst du auch direkt nach der Entbindung wieder schwanger werden. Meist wird man noch dazu aufgeklärt, bevor man das Krankenhaus verlässt. Hinzu kommt, dass deine erste Menstruation ja erst zwei Wochen nach dem ersten Eisprung einsetzt. Du bist also zu einem Zeitpunkt wieder fruchtbar, an dem du noch gar nicht damit rechnest. Ungefähr sechs Wochen nach der Geburt klärt deine Gynäkologin bei der Nachsorgeuntersuchung auch die zukünftige Verhütung mit dir.

Frauenärzte berichten, dass Kondom und Minipille (nach dem Abstillen dann die »normale« Pille) die am häufigsten verwendeten Verhütungsmittel von Müttern nach der Geburt des ersten Kindes sind, gerade wenn sich die Frauen noch ein weiteres Baby wünschen. Ist die Familienplanung erst mal abgeschlossen, wählen Mütter auch häufig die Spirale.

Wenn du hormonbasiert verhüten willst, brauchst du in der Stillzeit ein rein gestagenhaltiges Verhütungsmittel. Zwar geht das Gelbkörperhormon (Gestagen) auch in die Muttermilch über, allerdings in einer so geringen Dosis, dass für das Kind keine negativen Auswirkungen nachweisbar sind. Östrogenhaltige Verhütungsmittel sind ungeeignet, da sie die Milchproduktion und -zusammensetzung stören können.

Minipille

Sie kommt auch ohne Östrogene aus. Wichtig: Sie muss jeden Tag zur selben Zeit eingenommen werden – mit maximal drei Stunden Differenz, sonst ist der Schutz abgeschwächt. Nachteile sind Zyklusunregelmäßigkeiten bei dreißig bis sechzig Prozent der Frauen (Schmierblutungen etc.). Die Minipille kann während der Stillzeit ohne Probleme verwendet werden, und viele Frauen entscheiden sich dafür. Nach dem Abstillen kann die »normale Pille« wieder zum Einsatz kommen.

Drei-Monats-Spritze

Diese verhütet auch nur mit Gestagen. Frauen, die stillen, sollten mit dieser Verhütung frühestens sechs Wochen nach der Geburt starten, weil Resthormone in die Muttermilch übergehen könnten. Allerdings sind einige unschöne Nebenwirkungen wie Zyklusunregelmäßigkeiten, erhebliche Gewichtszunahme, Kopfschmerzen, Libidoverlust etc. möglich, weshalb sich einige Gynäkologen mit der Empfehlung eher zurückhalten.

Verhütungsstäbchen/-implantat

Das Verhütungsstäbchen wird am Oberarm direkt unter die Haut gelegt. Es wirkt ebenfalls mit Gestagen. Die Nebenwirkungen sind ähnlich wie bei der Drei-Monats-Spritze. Auch das Entfernen des Stäbchens ist nicht immer unproblematisch.

Hormonspirale

Mit der Anwendung können Frauen, die stillen, frühestens nach vollständiger Rückbildung der Gebärmutter beginnen (ca. zwölf Wochen nach der Geburt). Die Spirale wird von der Frauenärztin in die Gebärmutter eingesetzt und gibt dort gleichmäßig kleinste Mengen des Hormons Gestagen an die Gebärmutter ab. Die beiden gängigsten Hormonspiralen sind für eine Dauer von fünf Jahren gedacht und sind aufgrund der langen Liegedauer vor allem Frauen zu empfehlen, deren Familienplanung abgeschlossen ist. Die Regel bleibt unter der Hormonspirale häufig ganz aus. Nach Entfernung kann man normalerweise sofort wieder schwanger werden, und auch die Regel setzt wieder ein.

Kupferkette/-spirale

Sie funktioniert ohne Hormone, Zyklus und Fruchtbarkeit werden nicht beeinträchtigt. Die Kupferkette/-spirale wirkt fünf Jahre, kann aber auch früher entfernt werden, eine Schwangerschaft ist direkt danach möglich. Nachteil: Sie kann stärkere und schmerzhafte Regelblutungen verursachen und ist daher nicht optimal für Frauen, die ohnehin schon Probleme während der Menstruation haben.

Mama-Tipps:

»Ich mag den Verhütungsring. Man muss nicht ständig an die Einnahme denken und kann ihn sogar für den Geschlechtsverkehr rausnehmen, falls er stören sollte.«

»Ich verhüte mit dem Hormonstäbchen, das in den Oberarm implantiert wird und drei Jahre drinbleiben kann. Es unterdrückt die Periode, aber nach dem Entfernen setzt sie gleich wieder ein.«

Inhaltsverzeichnis

Vorwort 7

Frage 1: Was erwartet mich in den ersten Tagen nach der Geburt? 9

Frage 2: Was kann ich tun, damit meine Kaiserschnittnarbe besser heilt? 13

Frage 3: Dammriss oder -schnitt: Wie kann ich die Heilung fördern? 16

Frage 4: Wie kann ich meinen Beckenboden wieder fit machen? 19

Frage 5: Ich fühle mich nach der Geburt schlecht – ist das der Babyblues oder schon eine Depression? 21

Frage 6: Ich mache mir immer Sorgen und vergleiche mein Kind mit anderen: Ist mein Baby normal entwickelt? 24

Frage 7: Ich habe nach meiner schlimmen Geburt ein Geburtstrauma. Wie kann ich das verarbeiten? 26

Frage 8: Wie schläft mein Kind sicher im Familienbett? 29

Frage 9: Mein Kind schreit immer vor dem Einschlafen und lässt sich nicht beruhigen – was kann ich tun? 31

Frage 10: Mein Kind schläft nur auf dem Arm ein – wie kann ich ihm das abgewöhnen? 34

Frage 11: Ich habe panische Angst vor dem plötzlichen Kindstod – kann man dieser Gefahr irgendwie vorbeugen? 36

Frage 12: Das Einschlafen klappt nur bei mir – wie kann mein Kind auch beim Papa in den Schlaf finden? 39

Frage 13:	Mein Kind wird nachts wach und schläft nicht wieder ein – was kann ich tun?	*40*
Frage 14:	Ab wann sollte mein Kind im eigenen Bett schlafen?	*43*
Frage 15:	In welchen Positionen kann ich mein Baby stillen?	*45*
Frage 16:	Ich glaube, dass mein Kind an der Brust nicht richtig satt wird. Wie kann ich meine Milchmenge steigern?	*48*
Frage 17:	Meine Brustwarzen sind wund. Was hilft dagegen?	*51*
Frage 18:	Mein Kind schreit meine Brust vor dem Anlegen an – was ist das?	*53*
Frage 19:	Mein Baby will ständig trinken – ist das normal?	*55*
Frage 20:	Mein Kind hat eine Lieblingsbrust. Was mache ich?	*57*
Frage 21:	Was mache ich bei einem Milchstau?	*59*
Frage 22:	Gibt es einen Weg, nachts weniger zu stillen?	*61*
Frage 23:	Mein Kind schläft nur an der Brust ein. Was kann ich tun?	*63*
Frage 24:	Ich habe seit der Geburt Muskel- und Gelenkschmerzen – woher kommt das?	*66*
Frage 25:	Ich stille – darf ich trotzdem ein Glas Alkohol trinken?	*68*
Frage 26:	Ich möchte abstillen – wie fange ich am besten an?	*70*
Frage 27:	Ich habe ein schlechtes Gewissen, weil ich lieber die Flasche geben würde, als zu stillen. Was soll ich machen?	*73*
Frage 28:	Mein Kind will nicht mit der Flasche gefüttert werden. Was kann ich tun?	*76*
Frage 29:	Wie kann ich am schnellsten, z. B. nachts, eine Flasche mixen?	*78*
Frage 30:	Wie lange dürfen Kinder zum Einschlafen noch die Flasche bekommen?	*80*
Frage 31:	Ab wann kann ich meinem Kind Kuhmilch geben und auf Milchpulver verzichten?	*82*

Frage 32:	Ab wann bekommt mein Kind auch Wasser zu trinken, nicht mehr nur Milch?	*83*
Frage 33:	Wann und wie fange ich mit der Beikost an?	*86*
Frage 34:	Ich möchte den Brei für mein Baby selbst kochen. Was brauche ich?	*88*
Frage 35:	Was ist »breifreie Beikost«?	*91*
Frage 36:	Mein Kind mag nur süßen Brei. Was kann ich tun?	*93*
Frage 37:	Mein Kind möchte plötzlich keinen Brei mehr essen – was kann ich tun?	*96*
Frage 38:	Ich habe Angst, dass sich mein Kind verschluckt. Was mache ich im Ernstfall?	*98*
Frage 39:	Mein Kind schreit sehr viel – wie kann ich es beruhigen?	*101*
Frage 40:	Steckt mein Baby in einer Phase?	*104*
Frage 41:	Wieso schreit mein Kind so viel?	*108*
Frage 42:	Mein Kind lässt sich nicht beruhigen – ich denke, es leidet an einer Reizüberflutung. Was kann ich tun?	*110*
Frage 43:	Mein Kind hat schlimme Koliken und weint deshalb – wie kann ich helfen?	*112*
Frage 44:	Mein Kind lässt sich nicht gerne anziehen und schreit dabei – was kann ich tun?	*113*
Frage 45:	Ab wann sollte ich mein Kind baden und womit?	*115*
Frage 46:	Mein Kind mag nicht baden – was soll ich tun?	*118*
Frage 47:	Wie schütze ich mein Baby richtig vor der Sonne?	*120*
Frage 48:	Wie merke ich, ob es meinem Baby zu warm oder kalt ist?	*122*
Frage 49:	Ab wann darf ich mein Baby in einer Babytrage tragen?	*123*
Frage 50:	Wie sehe ich, dass mein Baby in der Trage oder im Tragetuch richtig sitzt?	*125*

Frage 51:	Ab wann kann ich meinem Kind einen Schnuller geben?	*128*
Frage 52:	Welchen Schnuller sollte ich für mein Kind kaufen?	*130*
Frage 53:	Wann soll ich meinem Kind den Schnuller abgewöhnen, und wie?	*132*
Frage 54:	Wann kommen die ersten Zähne – mein Kind speichelt viel, ist das ein Zeichen?	*134*
Frage 55:	Wie kann ich das Zahnen erleichtern?	*136*
Frage 56:	Ab wann und wie sollte ich meinem Kind die Zähne putzen?	*138*
Frage 57:	Ich habe von einer neuen Zahnerkrankung gehört – der Mineralisationsstörung. Was ist das?	*140*
Frage 58:	Mein Kind will nicht Zähne putzen – was hilft?	*142*
Frage 59:	Ich habe gehört, Muttermilch ist auch eine Art Heilmittel. Wofür kann ich es verwenden?	*145*
Frage 60:	Mein Baby spuckt nach jeder Mahlzeit. Wie kann ich ihm helfen?	*147*
Frage 61:	Was kann ich gegen den wunden Po meines Babys tun?	*149*
Frage 62:	Mein Kind ist erkältet. Welche Hausmittel kann ich meinem Kind geben?	*152*
Frage 63:	Ab welcher Temperatur hat mein Baby Fieber?	*153*
Frage 64:	Mein Baby hat Durchfall – was kann ich tun?	*156*
Frage 65:	Gibt es eine allgemeingültige Regel, wann ich mit meinem Kind zum Arzt muss?	*158*
Frage 66:	Was kann man gegen Schwangerschaftsstreifen tun?	*160*
Frage 67:	Ich bin mit meinem Aussehen nach der Geburt unzufrieden. Wie kann ich mich wieder wohl in meinem Körper fühlen?	*162*
Frage 68:	Ich schwitze sehr stark. Was ist los mit mir?	*164*

Frage 69:	Ich möchte meine Schwangerschaftskilos loswerden – nur wie? *166*
Frage 70:	Ich habe starken Haarausfall nach der Geburt. Was hilft dagegen? *170*
Frage 71:	Mein Kind hasst Autofahren – was kann ich tun? *172*
Frage 72:	Wie lange darf mein Kind in der Babyschale liegen? *175*
Frage 73:	Die Babyschale passt nicht mehr. Aber mein Kind kann noch nicht sitzen. Und nun? *176*
Frage 74:	Wir fliegen das erste Mal mit Kind. Was muss ich beachten? *178*
Frage 75:	Was muss dringend in der Reiseapotheke sein? *180*
Frage 76:	Mein Mann hilft überhaupt nicht mit. Was kann ich tun? *182*
Frage 77:	Mein Mann ist genervt vom Kind. Was kann ich tun? *186*
Frage 78:	Alltagsentfremdung: Mein Mann und ich haben uns nichts mehr zu sagen. Wie finden wir wieder zusammen? *189*
Frage 79:	Ich habe keine Lust auf Sex. Kommt das irgendwann wieder? *192*
Frage 80:	Ich habe Schmerzen beim Sex, ist das nach der Geburt normal? *195*
Frage 81:	Ich habe Probleme mit meiner Schwiegermutter. Wie verbessere ich unser Verhältnis? *197*
Frage 82:	Wir wollen uns trennen – wie machen wir das, ohne dem Kind zu schaden? *200*
Frage 83:	Wie kann ich das alleinige Sorgerecht beantragen? *203*
Frage 84:	Ich will umziehen, aber wir haben ein geteiltes Sorgerecht. Geht das? *205*
Frage 85:	Ich habe bereits ein Kind und heirate wieder. Kann mein Kind auch den neuen Namen annehmen? *207*

Frage 86:	Ich will nach der Elternzeit wieder arbeiten. Welche Rechte habe ich?	*208*
Frage 87:	Der Krippenstart steht an – aber ich habe Probleme, mich von meinem Kind zu trennen. Was hilft da?	*211*
Frage 88:	Mein Kind weint bei der Eingewöhnung sehr viel. Wie bekommen wir das hin?	*213*
Frage 89:	Mein Kind möchte plötzlich nicht mehr in die Kita, was kann ich tun?	*215*
Frage 90:	Das Geld reicht nicht. Wo bekomme ich finanzielle Unterstützung her?	*217*
Frage 91:	Ich fühle mich überfordert – was hilft da?	*221*
Frage 92:	Wie schaffe ich es, Haushalt und Kind besser zu organisieren?	*223*
Frage 93:	Mein Kind ist nur auf mich fixiert. Wie kann ich das ändern?	*225*
Frage 94:	Kann man ein Baby zu sehr verwöhnen?	*226*
Frage 95:	Schadet es meinem Kind, wenn ich auf mein Handy schaue?	*228*
Frage 96:	Ich fühle mich einsam, weil sich meine alten Freunde von mir abwenden. Wie kann ich das ändern?	*230*
Frage 97:	Ich wünsche mir ein zweites Kind, aber wann ist der richtige Zeitpunkt dafür?	*232*
Frage 98:	Meine erste Geburt war ein Kaiserschnitt – kann ich beim zweiten Mal trotzdem normal gebären?	*235*
Frage 99:	Wie kann ich mein Kind auf sein Geschwisterchen vorbereiten?	*237*
Frage 100:	Welche Verhütungsmethode ist nach der Geburt die beste?	*240*

Inhaltsverzeichnis *245*

Quellen *255*

Vielen Dank an unsere Experten und Expertinnen, die uns bei diesem Buch so großartig unterstützt haben!

Sabine Kroh arbeitet als Hebamme in Berlin. Außerdem ist sie Gründerin des internationalen Hebammenservice call-a-midwife.de, um Mamas zu helfen, die aufgrund des großen Hebammenmangels keine lokale Unterstützung haben. Rund um die Uhr steht sie mit ihrem Team online oder per Telefon zur Verfügung.
Weitere Infos unter: www.call-a-midwife.de

Dr. Johanna Havran ist Fachärztin für Kinder- und Jugendmedizin und lebt mit ihrer Familie in Düsseldorf. Die Power-Mama erklärt auf ihrem Blog www.johannahavran.de ganz einfach und anschaulich Kinderkrankheiten und beantwortet Fragen, die ihr in ihrem Alltag als Kinderärztin immer wieder gestellt werden.

Carsten Fischer-Zernin, LL.M. ist Rechtsanwalt und Fachanwalt für Arbeitsrecht in Hamburg. Er berät und vertritt bereits seit vielen Jahren sowohl Arbeitgeber als auch Arbeitnehmer im Zusammenhang mit allen Fragen des Individual- und Kollektivarbeitsrechts.
Weitere Infos unter: www.cfz-legal.com

Frederike Arnold Brüning ist Kinderzahnärztin im Zahnzentrum KU64 am Berliner Ku'damm. Sie behandelt ihre kleinen Patienten kindgerecht, schmerzfrei und hat sogar eine Ausbildung im »Therapeutischen Zaubern«. Ihre Erfahrung in Sachen gesundes Kinderlächeln hat Dr. Brüning nach ihrem Studium an der Berliner Charité auf den Cook Islands, in ihre leitenden Position in Berlin und auf diversen Fortbildungen gesammelt.
Weitere Infos unter: www.ku64.de

Janet Reitenbach ist Entwicklungs- und Lerntherapeutin nach PäPKi® und Familienkinderkrankenschwester. Sie berät Familien, macht Hausbesuche und hält Vorträge rund um die Themen untröstliches Weinen (»Schreibabys«), Schlafverhalten, extremes Klammern, Trotzen und Bindung.
Weitere Infos unter: www.pkezwergnase.de

Julia Preidel ist wissenschaftliche Referentin für Sozialrecht, Armutsforschung, Gleichstellung, Bildung und Statistik beim Bundesverband alleinerziehender Mütter und Väter e. V. (VAMV). Der VAMV gibt unter anderem das Taschenbuch »Alleinerziehend. Tipps und Informationen« heraus.
Weitere Infos unter: www.vamv.de

Mathias Voelchert ist Betriebswirt, Coach und Buchautor und Gründer von familylab. de. Der Experte für Beziehungskonflikte und Trennungen in Freundschaft hat diverse Bücher (u. a. *Trennung in Liebe... damit Freundschaft bleibt*) geschrieben. Er hat außerdem das familylab in München gegründet, wo er Workshops für Eltern gibt.
Mehr Infos unter: www.familylab. de und www.bimw.de

Dr. med Sonja Sattler gründete 1996 zusammen mit ihrem Mann Dr. Gerhard Sattler die renommierte Rosenpark Klinik in Darmstadt. Die Ärztin geht besonders einfühlsam auf ihre Patienten ein und ist Expertin im Bereich Gesichtsverjüngung, Laserbehandlung, Körperformung und Intimchirurgie.
Weitere Infos unter: www.rosenparkklinik.de

Dr. med. Stefanie Schultze-Mosgau ist als Fachärztin für Gynäkologie und Geburtshilfe in Hamburg tätig, mit Schwerpunkt Schwangerschaftsbetreuung, Pränataldiagnostik und Mädchensprechstunde. Die Mutter dreier Kinder hat unter anderem in Los Angeles und New Orleans Berufserfahrung gesammelt und ist Autorin zahlreicher wissenschaftlicher Publikationen.

Dr. med. Margret Ziegler ist ärztliche Leiterin des Schwerpunkts »Frühe Entwicklung und Kommunikation« sowie der »Sprechstunde für Schreibabys« am kbo-Kinderzentrum in München. Weitere Infos unter: www.kbo-kinderzentrum-muenchen.de

Prof. Dr. phil. Fabienne Becker-Stoll ist Diplom-Psychologin und seit 2006 Direktorin des Staatsinstituts für Frühpädagogik in München. Ihre Forschungsschwerpunkte an der LMU München, wo sie auch eine Professur innehat, sind die Bindungs- und Explorationsentwicklung in den ersten Lebensjahren. Außerdem zählen die Themen Bildung und Beziehungsqualität, Qualität frühkindlicher Bildung, Erziehung und Betreuung zu ihren Spezialgebieten.

Eva Becker ist Fachanwältin für Familienrecht. Sie ist Vorsitzende der Arbeitsgemeinschaft Familienrecht und Mitglied des Ausschusses Familienrecht im DAV sowie der Arbeitsgruppe Familien- und Erbrecht des Rats der europäischen Anwaltschaften (CCBE). Sie war und ist Mitglied verschiedener Arbeitsgruppen des BMJV, u. a. der Expertenkommission für die Erarbeitung des deutsch-französischen Wahlgüterstands (2006–2010). Zu diesem und zu anderen familienrechtlichen Themen hat sie veröffentlicht und ist Lehrbeauftragte an der Juristischen Fakultät der Humboldt-Universität zu Berlin.

Quellen

1 *Burns Ethel E. Burns/Price Natalie/Simonite Vanessa/Smith Lesley A.*: Incidence of and risk factors for perineal trauma: a prospective observational study, 2013.
2 Bundesministerium für Bildung und Forschung, Studie »Plötzlicher Säuglingstod« 1998–2001.
3 *De-Kun Li/Hoffman, Howard J./Liyan Liu/Odouli, Roxana/Petitti, Diana B./Willinger, Marian:* Use of a dummy (pacifier) during sleep and risk of sudden infant death syndrome (SIDS): population based case-control study, 2006.
4 *Leichman, ES/Mindell, JA/Walters RM:* Sleep Location and Parent-Perceived Sleep Outcomes in Older Infants, 2017.
5 *Dulon M./Kersting, M.:* Assessment of breast-feeding promotion in hospitals and follow-up survey of mother-infant pairs in Germany: the SuSe Study 1997/98.
6 S3-Leitlinie Allergieprävention – Update 2014.
7 *Niemelä, M/Pihakari, O./Pokka, T./Uhari, M.:* Pacifier as a risk factor for acute otitis media: A randomized, controlled trial of parental counseling, 2000; *Adair, Steven M.:* Pacifier Use in Children: A Review of Recent Literature, 2003.
8 *Lightdale JR/Gremsen DA*: »Gastroesophageal Reflux: Management Guidance for the Pediatrician«, in: Pediatrics 2013 131(5), S. 1684–95.
9 *Gribble, KD:* Mechanisms behind breastmilk's protection

against, and artificial baby milk's facilitation of diarrhoeal illness, 2011.
10 *Kirk, A./Lesire, P./Schick, S.:* Child car passenger fatalities – European figures and in-depth study. Presented at the 9th International Conference on Protection of Children in Cars, München 2011.
11 »Aktuelle Forschungsergebnisse zur Kindersicherheit in Pkw«, VDI Bericht 1637, Berlin 2001.
12 Repräsentative Bevölkerungsbefragung durch Forsa im Auftrag der DAK-Gesundheit, 2013.
13 Gesellschaft für Konsumforschung: 141 zusammenlebende Eltern mit Kindern von 0–5 Jahren, 2017.
14 *Brown SJ./Gartland D./McDonald EA./Small R.:* Dyspareunia and childbirth: a prospective cohort study, in: BJOG 2015 122(5), S. 672–679.
15 *Alexander Markowetz:* Digitaler Burnout, München 2015.
16 *BLIKK* Studie 2017.
17 Statistisches Bundesamt: Konsumausgaben von Familien für Kinder, 2014.
18 Statistisches Bundesamt: Mehr Krankenhausentbindungen bei niedrigerer Kaiserschnittrate, 2016.
19 *Limbeek, Evelien van/Lundgren, Ingela/Nilsson, Christina/Vehvilainen-Julkunen, Karti:* Vaginal Birth After Cesarean: »Views of Women From Countries With High VBAC Rates«, in: Qualitative Health Research 27(3), S. 325–340.